O PEREGRINO

JOHN BUNYAN

O PEREGRINO

JOHN BUNYAN

O PEREGRINO

O PEREGRINO

JOHN BUNYAN

O PEREGRINO

O PEREGRINO

JOHN BUNYAN

JOHN BUNYAN

O PEREGRINO

O PEREGRINO

JOHN BUNYAN

O PEREGRINO

JOHN BUNYAN

JOHN BUNYAN

O PEREGRINO

O PEREGRINO

JOHN BUNYAN

O PEREGRINO

O PEREGRINO

JOHN BUNYAN

O PEREGRINO

O PEREGRINO

JOHN BUNYAN

O PEREGRINO

O PEREGRINO

JOHN BUNYAN

O PEREGRINO

O PEREGRINO

JOHN BUNYAN

O PEREGRINO

JOHN BUNYAN

O PEREGRINO

O PEREGRINO

CB029129

JOHN BUNYAN

O PEREGRINO

JOHN BUNYAN

JOHN BUNYAN

O PEREGRINO

O PEREGRINO

JOHN BUNYAN

O PEREGRINO

Esta edição faz parte da coleção SÉRIE OURO,
conheça os títulos desta coleção.

A ARTE DA GUERRA
A ORIGEM DAS ESPÉCIES
ALICE NO PAÍS DAS MARAVILHAS
ALICE ATRAVÉS DO ESPELHO
CONFISSÕES DE SANTO AGOSTINHO
DOM QUIXOTE
MEDITAÇÕES
O DIÁRIO DE ANNE FRANK
O IDIOTA
O MORRO DOS VENTOS UIVANTES
O PEQUENO PRÍNCIPE
O PEREGRINO
O PRÍNCIPE
ORGULHO E PRECONCEITO
OS IRMÃOS KARAMÁZOV
SOBRE A BREVIDADE DA VIDA
SOBRE A VIDA FELIZ & TRANQUILIDADE DA ALMA

JOHN BUNYAN

O PEREGRINO

TEXTO INTEGRAL

EDIÇÃO ESPECIAL DE 345 ANOS

ENCONTRE MAIS
LIVROS COMO ESTE

Copyright desta tradução © IBC - Instituto Brasileiro De Cultura, 2021

Título original: The Pilgrim's Progress from This World, to That Which Is to Come
Reservados todos os direitos desta tradução e produção, pela lei 9.610 de 19.2.1998.

1ª Impressão 2024

Presidente: Paulo Roberto Houch
MTB 0083982/SP

Coordenação Editorial: Priscilla Sipans
Coordenação de Arte: Rubens Martim (capa)
Tradução e Preparação de Texto: Fábio Kataoka
Revisão: Valéria Paixão e Rogério Coelho

Vendas: Tel.: (11) 3393-7727 (comercial2@editoraonline.com.br)

Foi feito o depósito legal.
Impresso na China

Dados Internacionais de Catalogação na Publicação (CIP) de acordo com ISBD		
E23p	Editora Garnier	
	O Peregrino - Edição Luxo / J Editora Garnier. - Barueri : Editora Garnier, 2023. 176 p. ; 15,1cm x 23cm.	
	ISBN: 978-65-84956-41-4	
	1. Literatura cristã. 2. Peregrino. 3. John Bunyan. 4. Cristão. 5. Evangélico. I. Benatti, Carla. II. Título.	
2023-3682		CDD 242
		CDU 244
Elaborado por Odilio Hilario Moreira Junior - CRB-8/9949		

IBC — Instituto Brasileiro de Cultura LTDA
CNPJ 04.207.648/0001-94
Avenida Juruá, 762 — Alphaville Industrial
CEP: 06455-010 — Barueri/SP
www.editoraonline.com.br

SUMÁRIO

A APOLOGIA DO AUTOR PARA ESTE LIVRO 7

À SEMELHANÇA DE UM SONHO 17

CONCLUSÃO 176

A APOLOGIA DO AUTOR PARA ESTE LIVRO

Quando, no início, peguei minha pena
Não imaginava sequer uma cena,
Desejava compor um livrete,
Pensava em um motete.
Mesmo quase finalizado, me esforcei,
E, sem pensar, ao livrete me lancei.

Eu escrevendo sobre o conselho,
E a corrida dos santos nesta era do Evangelho.
Estava eu mergulhado numa alegoria,
Sobre uma viagem à eterna alegria.
Em mais de vinte coisas que escrevi com minha pena,
Muitas se transformaram em cena.
Como faíscas que voam das brasas,
Melhor é esquecer, para que criem asas.
Que não comecem a corroer,
O livro em que pretendo escrever.
Sem ter ainda ideia distinta,
Assim escrevi usando papel e tinta.

JOHN BUNYAN

Só pensava em fazer não sei o quê,
Não me esforcei, você não crê?
Por agradar ao próximo, então,
Pois o fiz para mim mesmo, ou não.
Nesses rascunhos nada despendi,
Senão horas vagas em si.

Tentei contornar, por bem,
Pensamentos ruins, que me desviaram além.
Com pena e papel, e com prazer e tanto,
Imaginei as ideias em preto e branco.
Pois sabendo o método de cor,
Tudo estava ao meu redor.

Escrevi até afinal vir a obra ao lume,
Esta obra, de fino perfume.
Quando sem perceber pus o ponto-final,
Mostrei aos amigos, para ver o que achavam, afinal.
Se iriam condenar ou aplaudir.
Alguns: "Viva!"; outros: "Morra!" a brandir;

Alguns: "Esqueça"; outros: "Publique, John";
Alguns: "Não"; outros: "Parece que está bom".
Estava confuso, e não sabia,
O que de melhor eu conseguiria.
Pensei: "Como vocês estão divididos",
Publicarei, sem dar ouvidos.

Alguns achariam terrível,
Embora outros achassem acessível.
Para ver qual o conselho melhor,

O PEREGRINO

Talvez um teste, dos males seria o menor.
Pensei, ainda que, se negasse,
Aos que aplaudiriam não conseguiria que abrandassem.

Mas não sonegaria,
Tão grande alegria.
Aos contrários à publicação,
Disse: não se ofendam com a edição.
Mas como seus companheiros o queriam,
Com certeza não julgariam.
Se não deseja ler, esqueça, moço.
Uns amam a carne; outros, o osso.
Para resolver,
Resolvi com eles debater:

Não devo escrever nesse estilo, assim?
Mas então perderei de vista o fim.
Sombrias ou claras, se suas gotas de prata,
Ao cair na terra fazem escorrer a terra inata,
Ninguém repreende, pois louva a ambas,
O fruto que, juntas, geram tantos.

Pois ela assim mistura, para que no seu fruto
Não se distinga um do outro.
Sedenta, a ela convém,
Mas farta os dois os abandona sem bem.
Veja os métodos que usa o pescador,
Para pegar o peixe com louvor.

Ele dispensa toda inteligência,
Cercados, linhas, anzóis, ganchos, redes e sapiência.
Porém peixes há sem linha nem anzol,

JOHN BUNYAN

De noite e à luz do sol.
Mas a esses só se procura às apalpadelas,
Ou se não pode pescá-los em um barco a velas.

E como planeja o caçador a presa capturar?
Tantos modos que tentamos nomear:
Armas, redes, armadilhas, luzes e sinos.
Rasteja, avança, levanta; apura o tino.
Mas como prever todas as suas conjeturas?
Nenhuma delas fará senhor das alturas.

E assobia, grita para pegar a presa aqui,
Mas se o faz, perde a outra ali.
Se a pérola na cabeça do sapo se mostra,
Também é encontrada na concha da ostra.
Se as coisas que não prometem, nada contêm,
O que é melhor do que o ouro; quem virá com desdém?
Se fizesse uma ideia de que vale a pena olhar,
Para que no meu livrete possam um tesouro encontrar
Mesmo sem ilustrações que farão
Que alguém o tome na mão.

Não faltam coisas excelentes,
Com pensamentos ousados, porém ausentes.
Ainda não estou plenamente convencido,
De que este livro irá vingar se for lido.
"Ora, qual o problema?" "É infeliz."
"Parece falso." "E o que diz?"

Alguns fingem versos,
Mas reluzem a verdade e brilham raios perversos.
Dize, homem, o que pensas,

O PEREGRINO

Asfixiaram os fracos; metáforas nos deixam, tensas.
Solidez, meu caro, vem de fato à pena,
Daquele que escreve coisas divinas, serenas.

Será que devo buscar solidez,
Porque uso metáforas, mas com toda lucidez?
Não foram as obras de Deus, do Evangelho, outrora,
Expressas por símbolos e metáfora?
Qualquer homem censurá-las reluta,
Para que não venha aplacar a luta.

A sabedoria muitas vezes humilha,
E tenta se expressar, por carneiros e novilhas.
Ovelhas e novilhos, bordados e braseiros,
Pássaros e ervas, e pelo sangue de cordeiro.
O que Deus falou: seja feliz aquela raça,
Que tenha amor e graça.

Não tente concluir, portanto,
Que procuro solidez, sou rude e tanto.
O que é sólido não se mostra nem lesa,
Nem o que vem em parábolas se despreza.
Para que não recebamos aquilo que é doloroso,
Não nos prive da alma o gozo.

Minhas palavras sombrias, às vezes, retêm
A verdade, como os cofres, o ouro contêm.
Muitos utilizaram as metáforas como os profetas,
Para mostrar o pensamento; e talvez suas metas.
É Cristo e seus apóstolos, claramente resulta,
Mas as verdades até hoje são ocultas.

JOHN BUNYAN

Temo dizer que a Divina Autoridade,
Que humilha toda sagacidade.
Em todo canto dessas coisas tão plenas,
Brotam do mesmo livro os raios de luz nas cenas.
Espero que quem me censura observe a sua vida,
E que encontre palavra mais sombria e descabida.

Que no meu livro não cabe, e que chore;
Pois nos melhores livretos há palavras piores.
Que nos ergamos diante de homens imparciais,
E contra um aventureiro apostar dez, ou mais.
Que encontrarão sentido e beleza nessas linhas plenas,
Bem mais belas que suas mentiras serenas.

Que a verdade venha, mesmo em bandagem rente,
Orienta o juízo, e transforma a mente.
Afaga o entendimento, a vontade domina,
A lembrança ensina.
Com aquilo que satisfaz nossa imaginação,
Espero que tenha preocupação.

Timóteo deve usar palavras sábias, eu sei,
E recusar as fábulas supersticiosas da grei.
Paulo não proíbe jamais
O uso de parábolas, pois se ocultam nas tais
Esse ouro, essas pedras preciosas,
Que tanto vale escavar, com mãos zelosas.

Três coisas proponho; para quem não quiser se opor:
1. Não acho que possa ser negado ou alguém tenha temor.
Esse meu método não é violento,
São palavras, coisas, ao menos eu tento.

O PEREGRINO

Nem sou severo, nem rude
Por usar as metáforas que pude.
Na aplicação, tudo o que pretendo que seja feito
É elevar a verdade, de um ou de outro jeito.
Negado, disse eu? Não, o direito sei que tenho,
Exemplo há daqueles que agradaram com empenho
Mais a Deus, com palavras ou atos,
Que a qualquer homem que hoje vive de fato.

2. De assim me expressar, assim declarar a ti,
Coisas distintas que jamais vi.
Acredito eu que os homens altos como troncos,
Escrevam em diálogos e, ninguém despreza, nem os broncos.
Se violaram a verdade, malditos são,
E também as estratégias que usarão.
Que a verdade seja livre, e marque sua identidade
Sobre mim e ti, como a Deus agrade.
Pois alguém sabe, mais que o primeiro
Que nos ensinou a arar, conhecimento certeiro,
Guiar nossa mente e a nossa escrita para a sua criação?
Transforma coisas terrenas em divinas no nosso coração.

3. Reconheço a Escritura Sagrada em vários lugares,
Usam tal método com efeitos invulgares.
Ao usar imagens para mostrar a realidade,
Usá-las posso então, sem que nada fique pela metade.
Que os raios dourados da verdade possam, antes,
Espalhar esse método com os raios mais brilhantes.

Antes de largar minha pena,
Mostrarei o valor do meu livro de maneira serena.

JOHN BUNYAN

Confiarei ao cuidado ardente,
Que ergue o fraco e derruba o valente.
Este livro diante dos seus olhos traceja,
O homem que o prêmio almeja.

Para onde ele vai, de onde vem,
O que não faz e o que faz também.
Mostra ainda como corre tenaz.
Para chegar ao portão da glória e da paz.
Mostra ainda o que corre à toa,
Como para alcançar almejada coroa.

Também mostra como esses mouros,
Se esforçaram tanto e morrem tolos.
Este livro o transformará em autêntico viajante,
Se com ele seguir adiante.
Até a Terra Santa o levará, nas monções,
Se respeitar as orientações.

As palavras neste livro escrito,
Até aos fracos desperta o grito.
Novidades não se encontra, não,
Senão o fio do Evangelho, sincero e são.
Deseja acaso ficar livre da melancolia?
Deseja tranquilidade, mas longe da agonia?

Deseja ler enigmas, e saber a solução,
Ou prefere a contemplação?
Ama os prazeres da carne?
Avistar um homem nas nuvens, ouvindo falar-lhe?
Deseja estar num sonho, mas sem dormir?
Ou talvez chorar e rir?

O PEREGRINO

Deseja mesmo ler, sem sequer saber o quê,
Sabendo, porém por essas linhas que lê,
Se está ou não abençoado?
Ah, venha, então,
Abra meu livro,
Abra sua mente,
Abra seu coração.

John Bunyan

O PEREGRINO

À SEMELHANÇA DE UM SONHO

Andando pelo deserto, cheguei a um lugar remoto, onde havia uma caverna; lá deitei para dormir; e tive um sonho. Sonhei que vi um homem vestido com trapos, em pé, de costas para sua casa, um livro na mão e um grande fardo sobre as costas. Ele lia o livro. E, enquanto lia, chorava e tremia; "O que vou fazer?" Foi para casa e conteve-se o quanto pôde para que sua esposa e filhos não percebessem a sua angústia; mas não conseguiu ficar em silêncio por muito tempo. Então, finalmente, abriu sua mente para a família:

— Minha querida família, estou atormentado por um fardo que me preocupa, pois sei que nossa cidade será destruída pelo fogo dos Céus. Uma queda terrível trará a ruína a todos, exceto se encontrarmos alguma maneira de escapar.

Ao ouvir essas palavras, a mulher e os filhos ficaram preocupados. Não porque houvessem acreditado que o que escutaram fosse verdade, mas porque pensaram que ele estava dominado pela loucura. Eles o levaram para a cama, esperando que o sono pudesse acalmá-lo. A noite foi tão difícil para ele quanto o dia tinha sido. Passou a madrugada entre suspiros e lágrimas. Ao amanhecer, seus familiares o procuraram para saber como ele estava. Repetiu o que havia dito na noite anterior. As pessoas começaram a tratá-lo de forma rude: ridicularizando, repreendendo e, por fim, ignorando-o. Então, ele passou a orar com mais frequência, cheio de piedade pelos seus e buscando consolar seu próprio sofrimento. Caminhava sozinho pelos campos, lendo e orando. Em meu sonho, vi-o andando pelos campos, lendo seu livro, muito angustiado. E, enquanto lia, chorava muito, sussurrando:

— O que preciso fazer para ser salvo? — Ele olhava para a frente e para trás, como se estivesse fugindo. Então, parou, talvez porque não soubesse o caminho a seguir. Um homem chamado Evangelista se aproximou e perguntou:

— Por que está chorando?

Ele respondeu:

— Descobri, pelo livro que leio, que estou condenado a morrer e a ser julgado. Mas, não estou disposto a encarar a morte, muito menos vejo-me capaz de ser absolvido.

— Por que não está disposto a morrer? — perguntou Evangelista —, já que a vida é repleta de males?

— Porque temo que esse fardo sobre as minhas costas me afundará mais que meu próprio túmulo, levando-me a ser sacrificado; não quero ir para a prisão, temo ser julgado e executado.

— Então — disse Evangelista — por que ainda está parado?

E o homem respondeu:

— Porque não sei aonde ir.

Evangelista lhe entregou um pergaminho, onde se lia: "Foge da ira futura" (Mateus 3:7).

O homem leu e indagou:

— Para onde eu devo fugir?

Evangelista apontou para um campo.

O PEREGRINO

— Vê aquela porta estreita? (Mateus 7:13-14)

— Não — respondeu o homem.

— Vê a luz que brilha na distância? (Salmos 119:105; 2 Pedro 1:19).

— Acho que sim.

Evangelista disse:

— Não perde de vista essa luz e vá diretamente em sua direção até ver a porta estreita. Bate na porta e saberá o que fazer.

No meu sonho, o homem começou a correr. Sua família começou a chorar, suplicando para que voltasse; contudo, o homem continuou correndo, chorando e gritando:

— Vida! Vida! Vida Eterna! — e, sem olhar para trás, fugiu em direção ao meio do campo. Os vizinhos saíram de suas casas para observar a fuga. Zombaram dele, fizeram ameaças, e muitos pediam que voltasse. E entre os vizinhos havia dois que decidiram trazê-lo de volta à força. O nome de um era Obstinado, e o do outro, Inconstante. Os dois, logo o alcançaram, e o homem lhes perguntou:

— Por que vieram atrás de mim?

— Para convencê-lo a voltar conosco — disseram.

— Eu não voltarei — replicou o homem.

— Vocês vivem na Cidade da Destruição, o lugar onde eu nasci. Morrendo ali, afundarão na terra abaixo de seus túmulos e cairão num lugar onde ardem fogo e enxofre. Alegrem-se, bons vizinhos, e venham comigo.

— E deixar os amigos e o conforto para trás? — surpreendeu-se Obstinado.

— Sim — respondeu Cristão, pois esse era seu nome —, porque aquilo que abandonei não se compara nem um pouco àquilo que aproveitarei (2 Coríntios 4:18). E se me acompanharem, encontrarão as mesmas coisas que procuro.

— O que você procura, que o obriga a abandonar todos? — indagou Obstinado.

— Procuro uma herança que jamais poderá perecer, macular-se ou perder o seu valor, e que está guardada no céu, em segurança (1 Pedro 1:4), para ser distribuída no tempo certo àqueles que a perseguirem. Leiam, se quiserem, no meu livro.

— Não acredito! — retrucou Obstinado. — Afaste esse livro. Você vai voltar conosco ou não?

— Não voltarei — respondeu Cristão —, porque coloquei minha mão no arado (Lucas 9:62).

— Vamos, Inconstante, voltemos para casa sem ele. Esse tolo julga-se mais sábio que sete homens de bom juízo (Provérbios 26:6).

— Não o ofenda! — disse Inconstante.

— Se o que o bom Cristão diz for verdade, as coisas que ele busca são melhores que as nossas, e meu coração me diz para seguir nosso vizinho.

— Ouça o que digo e volta comigo.

— Não! — disse Cristão. — Venha comigo, Inconstante. Todas as coisas sobre as quais falei e muito mais esperam por você. Se não acredita em mim, leia aqui neste livro. Tudo o que aqui está escrito é confirmado pelo sangue do próprio autor (Hebreus 9:17-22).

— Bem, Obstinado — disse Inconstante —, tenho a intenção de acompanhar esse bom homem e tentar a sorte com ele. Mas, Cristão, você conhece o caminho para esse lugar?

JOHN BUNYAN

— Fui informado por um homem cujo nome é Evangelista, para ir até uma porta estreita que está ali adiante, onde devemos receber instruções sobre o caminho — respondeu Cristão.

— Vamos e sigamos nosso caminho — disse Inconstante.

— E eu voltarei para a minha família — falou Obstinado.

Em meu sonho, vi Obstinado voltando, e Cristão e Inconstante conversando enquanto caminhavam na planície.

Falavam assim:

— Estou feliz por você me acompanhar. Se Obstinado soubesse dos poderes e os terrores invisíveis que conheci, não nos teria dado as costas.

— Gostaria de saber sobre as coisas que estamos buscando e a que distância estão.

— Eu as tenho em minha mente, mas é difícil falar sobre elas. As coisas de Deus são indescritíveis. Entretanto, como deseja saber, lerei sobre elas no meu livro.

— E você acredita que as palavras do seu livro são mesmo verdadeiras?

— Com certeza! — assegurou Cristão. — Pois foi escrito por Aquele que não mente (Tito 1:2).

— E o que diz o livro?

— Que há um reino infinito a ser habitado, e fala sobre a vida eterna que nos será dada para que possamos morar nesse reino para sempre.

— Isso me agrada. E o que mais?

— Que seremos coroados e glorificados e que usaremos roupas que nos farão brilhar como o sol no firmamento (Isaías 45:17).

JOHN BUNYAN

— Isso é maravilhoso! E o que mais?

— Não haverá mais lágrimas, nem dor — disse Cristão —, porque o Senhor desse lugar secará todas as lágrimas dos nossos olhos (Isaías 25:6-8).

— E quem serão nossos vizinhos?

— Lá viveremos entre Arcanjos, criaturas cuja luz ofuscará nossos olhos. Seremos recebidos por milhares de pessoas que chegaram antes de nós. Nenhuma dessas pessoas é má. Todos caminham ao encontro de Deus e permanecem em sua presença, eternamente acolhidos, veremos os anciãos com suas coroas de ouro (Apocalipse 4:4), e as virgens santas com suas harpas douradas. Lá também terão homens que pelo mundo foram retalhados e queimados, devorados por animais e afogados nos mares, por causa do amor que tinham ao Senhor desse lugar. E todas essas pessoas estão bem, trajando a imortalidade como se fossem vestimentas (João 12:25).

— O que você disse arrebata meu coração. O que devemos fazer para conquistar essas coisas? — indagou Inconstante.

— O Senhor desse país registrou neste livro o que devemos fazer. A todos os que estiverem dispostos a obter essas coisas, Ele as concederá gratuitamente — respondeu Cristão.

— Fico muito feliz ao ouvir isso, então vamos nos apressar.

— Não posso ir tão rápido — disse Cristão —, por causa deste fardo nas minhas costas.

Vi, em meu sonho, que, enquanto falavam, aproximaram-se de um lamaçal, que estava no meio da planície. Como estavam desatentos, caíram de repente em um pântano chamado Desespero.

Revirando-se para tentar sair, ficaram imundos. Por causa do peso em suas costas, Cristão começou a afundar na lama.

O PEREGRINO

— Ah, vizinho Cristão! — gritou Inconstante. — Onde estamos agora?

— Não sei! — admitiu Cristão.

Inconstante irritou-se e, cheio de raiva, disse ao companheiro:

— É essa a felicidade sobre a qual você me falou? Se temos tanta dificuldade já em nossa partida, o que poderemos esperar ao longo da jornada? Que eu possa voltar com vida. Pode procurar esse país admirável sozinho.

Inconstante fez um esforço e conseguiu sair do lamaçal, na margem voltada para a direção onde estava sua casa. Então, pôs-se a caminhar, até que Cristão o perdeu de vista. Sozinho no Pântano do Desespero, Cristão, com um tremendo esforço, conseguiu atravessar o lamaçal em direção à porta estreita a que deveria chegar. Mas, ao chegar à margem do pântano, não conseguiu sair da lama, por causa do fardo que havia em suas costas. Nesse momento, viu um homem, cujo nome era Auxílio, caminhando em direção a ele. Aproximando-se, perguntou o que havia acontecido.

— Fui informado por um homem chamado Evangelista que este é o caminho para a porta que me permitirá fugir da ira futura. E, na pressa de escapar, caí nesse lamaçal — respondeu Cristão.

— Mas por que não vigiou seus passos?

— O medo me seguia tão de perto, que eu fugi pelo primeiro caminho que encontrei e fiquei atolado.

— Me dê sua mão — ofereceu o recém-chegado.

Cristão estendeu o braço e Auxílio o puxou para fora, colocando-o em terreno seco. Daí, mostrou o caminho ao viajante (Salmos 40:2).

Antes de continuar, Cristão perguntou:

— Senhor, se este pântano está no caminho entre a Cidade da Destruição e a porta estreita que estou buscando, porque não o arrumam, para que os viajantes possam passar com mais segurança?

— Este pântano lamacento não pode ser reparado — explicou Auxílio. — É o local onde é despejada toda a escória e a imundície dos pecadores. Por isso chama-se Pântano do Desespero. Quando o pecador tem consciência da sua condição perdida, em sua alma emergem muitos medos, dúvidas e apreensões, que se juntam e desembocam aqui. É por isso que este terreno é corrompido. Para o Rei é um desgosto que este lugar esteja em condições tão ruins (Isaías 35:3-4). Seus trabalhadores, orientados pelos inspetores de Sua Majestade, têm trabalhado por mais de mil e seiscentos anos tentando arrumar este trecho. Foi despejada aqui a carga de pelo menos vinte mil carroças, sim, milhões de instruções que, ao longo dos anos, foram para cá trazidas de todos os lugares do domínio do Rei, e são o melhor material para consertar o solo deste lugar. Mesmo assim, não foi suficiente. Continua sendo o Pântano do Desespero, e assim continuará a ser, apesar de todos os esforços. Por ordem do Legislador, foram colocadas pedras no meio do lamaçal. Porém, elas estão submersas na imundície e são difíceis de se ver. Mesmo quando são vistas, os homens, com sua mente desorientada, não conseguem vê-las. Mas, depois de cruzar a porta estreita, o terreno é melhor.

Vi em meu sonho que Inconstante havia chegado em sua casa, e seus vizinhos foram visitá-lo. Alguns o elogiaram, outros o censuraram, afirmando que havia sido um tolo ao seguir Cristão; outros o chamaram de covarde.

— Eu não teria sido tão covarde a ponto de desistir diante da primeira dificuldade — disse um deles. Inconstante permaneceu em silêncio. Então a conversa se voltou para Cristão, e todos começaram a falar mal dele, inclusive Inconstante.

JOHN BUNYAN

Enquanto isso, Cristão caminhava solitário pela planície quando avistou um homem que caminhava em sua direção. Seus caminhos se cruzaram, e o homem disse que se chamava Sábio Mundano e vivia na Cidade Carnal, uma grande cidade perto do local onde Cristão morava. Esse homem conhecia um pouco a história de Cristão, pois sua partida da Cidade da Destruição fora muito comentada em vários lugares.

Sábio Mundano, tendo ouvido falar de Cristão e observado seus lamentos, abordou-o:

— Para onde vai, encurvado assim?

— Carrego enorme fardo, por isso sigo encurvado! Estou indo em direção à porta estreita que fica lá adiante, onde me disseram que poderei me livrar desta carga.

— Você tem esposa e filhos?

— Sim, mas estou tão sobrecarregado com este fardo que não sinto prazer nessa relação como antes. É como se não os tivesse (1 Coríntios 7:29).

— Posso lhe dar um conselho?

— Se for bom, sim, pois estou precisando de bons conselhos.

— Recomendo que você fique livre desse fardo o mais rápido que puder, porque até lá não terá paz, nem poderá aproveitar as bênçãos que Deus concede — disse o Sábio Mundano.

— É isso mesmo que procuro: livrar-me deste pesado fardo. Mas não consigo tirá-lo sozinho, nem há ninguém que possa retirá-lo de meus ombros. Por isso, sigo assim este caminho, para poder me livrar deste fardo.

— E quem disse que deve ir por este caminho para tirar esse peso de suas costas?

O PEREGRINO

— Um homem que parece ser uma pessoa muito honrada. Seu nome é Evangelista.

— Amaldiçoo esse homem por seu conselho! Não há caminho mais perigoso do que este que ele disse para você seguir. Se ouvir seu conselho, encontrará apenas obstáculos e dificuldades. Posso perceber que já encontrou, pois vejo que a sujeira do Pântano do Desespero ainda cobre seu corpo. Mas esse lamaçal é apenas o começo das provações que aguardam os que seguem por esta trilha. Sou mais experiente que você. Se continuar por onde vai, encontrará fadiga, dor, fome, perigos, nudez, espada, leões, dragões, trevas e, finalmente, a morte! Essas coisas certamente são verdadeiras, confirmadas por muitos testemunhos. E por que razão você se afastou da sua casa, dando atenção a um estranho?

— Porque este fardo nas minhas costas é mais terrível para mim do que todas essas coisas que você mencionou — replicou Cristão. — Não me importa o que encontrarei pelo caminho, pois posso achar um modo de me libertar do meu fardo.

— E como esse peso foi parar nas suas costas?

— Conscientizei-me dele ao ler o livro que trago nas mãos.

— Pensei que fosse por isso mesmo. Isso aconteceu com você e com homens débeis que, ao se meterem com coisas muito elevadas para eles, ficaram desorientados. São distrações que não só importunam as pessoas, como aconteceu com você, mas que também as levam a aventuras desesperadas em busca de algo que não sabem o que é.

— Eu sei o que busco — disse Cristão. — Livrar-me do meu pesado fardo.

— Mas por que acha que precisa enfrentar tantos perigos para conseguir o que quer? Se tiver paciência para me ouvir, eu poderia lhe dizer como obter o que deseja sem precisar encarar os perigos que encontrará no caminho. Além disso, do meu modo, em vez de perigos, encontrará segurança, amizade e satisfação.

— Qual é esse segredo? — perguntou Cristão.

— Na próxima aldeia, que se chama Moralidade, vive um homem cujo nome é Legalidade, um homem muito criterioso e de boa reputação, que pode ajudar aqueles que carregam fardos como esse que está sobre os seus ombros. Ele ajudou muito essas pessoas. Além disso, consegue curar os que ficaram enlouquecidos pelo esforço de carregar seu fardo. É a ele quem deve procurar para obter ajuda. Sua casa fica a menos de dois quilômetros daqui, e se não estiver em casa, seu filho, cujo nome é Urbanidade, poderá ajudá-lo tanto quanto o pai. Lá poderá se livrar desse peso. E se não quiser voltar para a sua casa, poderá mandar buscar sua esposa e seus filhos para viverem nessa aldeia, onde há algumas casas vazias. O custo de vida também é baixo, mas o que lhe fará mais feliz é, com certeza, o fato de estar cercado de vizinhos honestos.

Isso intrigou Cristão, e concluiu que se fosse verdade o que aquele homem havia dito, seria sábio seguir seu conselho. Assim, perguntou:

— Senhor, qual é o caminho que me leva à aldeia desse homem honesto?

— Você consegue ver aquela colina? — indicou Sábio Mundano.

— Sim, com certeza.

— Deve ir até essa colina, e a primeira casa pela qual passará é a dele.

Cristão decidiu se afastar de seu caminho e procurar o senhor Legalidade para pedir ajuda. No entanto, quando, com muita dificuldade, chegou à colina, viu que era tão íngreme que parecia

O PEREGRINO

prestes a despencar sobre a trilha; Cristão parou, sem saber o que fazer. Além disso, seu fardo parecia ainda mais pesado. Lampejos de fogo escaparam da colina, e Cristão achou que seria consumido pelas chamas (Êxodo 19:16-18). Ele sentiu muito medo e começou a suar e a tremer (Hebreus 12:21). Cristão começou a se arrepender de ter seguido o conselho do Sábio Mundano. Então viu Evangelista indo ao seu encontro. Ao reconhecer seu conselheiro, Cristão ficou envergonhado. Evangelista perguntou:

— O que você está fazendo aqui?

Cristão não soube responder.

— Você não é o homem que eu encontrei chorando diante dos muros da Cidade da Destruição? — indagou Evangelista.

— Sim, senhor, eu sou esse homem.

— E eu não lhe mostrei o caminho para a porta?

— Sim, senhor — sussurrou Cristão.

— Por que se desviou do caminho? Pois está longe da trilha que lhe mostrei.

— Encontrei um senhor distinto logo que consegui sair do Pântano do Desespero; ele me disse que, na cidade vizinha, eu encontraria um homem capaz de tirar o fardo das minhas costas.

— Quem era ele? — quis saber Evangelista.

— Era um homem educado, e acabou me convencendo. Por isso, vim até aqui, mas vi essa colina tão íngreme que parece prestes a desabar sobre o caminho e parei, com medo que ela caísse sobre minha cabeça.

— O que esse homem lhe disse?

— Perguntou para onde eu ia.

JOHN BUNYAN

— E então, o que ele perguntou?

— Quis saber sobre minha família, e afirmei que este fardo me pesa tanto que não tenho mais prazer na companhia deles como tinha antes.

— E o que ele disse depois?

— Disse que eu deveria retirar este fardo de minhas costas o mais rápido possível. Ele me falou que sabia de um caminho melhor, mais curto e sem as dificuldades encontradas no caminho que você me mostrou. Ainda disse que eu deveria chegar à casa de um homem capaz de retirar o peso que me oprime. Mas, ao chegar aqui e ver a colina, parei, por temer os perigos. Agora, não sei o que fazer.

— Então, vou lhe mostrar as palavras de Deus — disse Evangelista. — Não rejeitem aquele que fala. Se os que se recusaram a ouvir aquele que os advertia na terra não escaparam, quanto mais nós, se nos desviarmos daquele que nos adverte dos céus? (Hebreus 12:25).

Disse também:

— Mas o justo viverá da fé. E, se retroceder, não me agradarei dele (Hebreus 10:38). — Você está indo na direção desse sofrimento. Recusou o conselho do Elevadíssimo e se desviou do caminho da paz para sua quase perdição — prosseguiu Evangelista.

Aos prantos, Cristão caiu aos pés de Evangelista.

— Estou perdido!

Evangelista pegou-o pela mão direita e disse:

— Todo pecado e blasfêmia se perdoará aos homens (Mateus 12:31). E não sejas incrédulo, mas crente (João 20:27).

Cristão, ainda trêmulo, ergueu-se diante de Evangelista, que disse:

O PEREGRINO

— De agora em diante, preste mais atenção ao que eu lhe disser. Vou contar quem o iludiu e a quem o enviou. O homem que encontrou é um sábio de acordo com o mundo, como diz o seu nome. Ele é assim chamado porque, em parte, valoriza apenas a doutrina deste mundo (1 João: 4:5), é por isso que sempre vai à igreja na cidade da Moralidade, e ama tal doutrina acima de tudo, pois o afasta da cruz. E como sua índole é carnal, busca perverter meus caminhos, embora corretos. Há três coisas no conselho desse homem que deve abominar completamente — continuou Evangelista. — Primeiro, ele o desviou de seu caminho. Segundo, ele procurou tornar a cruz odiosa para você. E, finalmente, mandou você seguir um caminho que o levaria à morte. Assim, é preciso, antes de mais nada, repudiar sua tentativa de se desviar de seu caminho e também o fato de você ter consentido, é o mesmo que rejeitar o conselho de Deus em favor do conselho de um Sábio Mundano. Diz o Senhor: "Esforcem-se para entrar pela porta estreita" (Lucas 13:24), a porta para a qual o enviei, pois é estreita a porta que leva à vida! Não são muitos os que a encontram (Mateus 7:14). Dessa porta estreita, e desse caminho que a ela conduz, é que esse homem desviou você, para levá-lo quase à destruição. Abomine essa tentativa de desviá-lo do caminho, e abomine a você mesmo por ter dado ouvidos a ele.

— Em segundo lugar — continuou Evangelista —, deve execrar sua tentativa de tornar a cruz odiosa para você, pois ela é preferível "aos tesouros do Egito" (Hebreus 11:26). Além disso, o Rei da Glória já lhe disse que "quem quiser salvar a sua vida, a perderá" (Marcos 8:35), e que aquele que o segue e ama a seu pai, sua mãe, sua mulher, seus filhos, seus irmãos e irmãs, e até sua própria vida mais do que a mim, não pode ser meu discípulo (Lucas 14:26). O que quero dizer é que, se um homem se esforça por convencê-lo de que isso levará a sua morte, você deve abominar tal doutrina, pois sem a verdade você não pode ter vida eterna.

JOHN BUNYAN

— Em terceiro lugar — disse Evangelista —, você precisa execrar o fato de esse homem tê-lo indicado o caminho que conduz à morte. Você precisa desconsiderar a pessoa para quem ele o enviou, e também o fato de que ela é incapaz de libertá-lo do seu fardo. Aquele a quem você foi enviado para encontrar alívio, e que se chama Legalidade, é filho da mulher escrava (Gálatas 4:21-31) que está acorrentada junto com os seus filhos e envolta em mistério. Ela é o monte Sinai, que você temeu que caísse sobre você. Preste atenção, se ela e seus filhos estão acorrentados, como você pode esperar deles a liberdade?

— Esse Legalidade, portanto — continuou — não é capaz de libertá-lo de seu fardo. Homem nenhum jamais foi libertado do próprio fardo com a ajuda dele. Ninguém pode ser justificado pelas obras da lei, pois pelos atos da lei nenhum homem que vive pode se livrar de seu fardo.

— Portanto — concluiu Evangelista — o Sábio Mundano é adversário; e o Legalidade, farsante; e quanto ao seu filho, Urbanidade, não passa de um hipócrita que não pode ajudá-lo. Não há nada em todas essas tolices que você ouviu, a não ser a intenção de afastá-lo de sua salvação, desviando-o do caminho no qual coloquei você.

Depois disso, Evangelista invocou do céu, em voz alta, a confirmação daquilo que dissera, e então saíram palavras e fogo da montanha sob a qual estava Cristão, que ficou espantado diante do espetáculo. As palavras foram estas: "Já os que se apoiam na prática da Lei estão debaixo de maldição, pois está escrito: Maldito todo aquele que não persiste em praticar todas as coisas escritas no livro da Lei"' (Gálatas 3:10). Assim Cristão nada mais esperava a não ser a morte, e lamentava o momento em que encontrou o Sábio Mundano, e se achava um estúpido por ter dado ouvidos ao seu conselho.

O PEREGRINO

Muito envergonhado, pensava como os argumentos desse senhor, oriundos somente da carne, puderam prevalecer e levá-lo a abandonar o caminho correto. Perguntou a Evangelista:

— Ainda há esperança? Será que posso voltar e seguir até a porta estreita? Não serei abandonado por isso, ou humilhado? Lamento muito ter dado ouvidos ao conselho desse homem, que meu pecado seja perdoado.

— Você praticou dois pecados graves: abandonou o caminho do bem e trilhou caminhos proibidos. Contudo, o homem que está à porta vai recebê-lo, pois tem boa vontade para com os homens. Mas seja cauteloso para não se desviar novamente, para não perecer pelo caminho quando em breve a sua ira estiver acesa (Salmos 2:12).

Cristão partiu, e não falou com ninguém pelo caminho. Seguia como alguém que trilhasse sempre solo proibido, e não ficou seguro enquanto não retomou o caminho que deixara para seguir o conselho do Sábio Mundano.

Cristão finalmente alcançou a porta. Acima do portão estava escrito:

"ÀQUELE QUE BATE, A PORTA SERÁ ABERTA" (Mateus 7:8).

Ele bateu várias vezes, dizendo:

Peço permissão para entrar
Ao bom homem que do outro lado está,
Será que a um pecador a porta abrirá?
Voluntarioso sei que sou, mas prometo
Louvá-lo para sempre com mil sonetos.

Apareceu à porta um homem circunspecto, de nome Boa Vontade, perguntando quem chamava, de onde vinha e o que pretendia.

— Sou um pobre pecador. Venho da Cidade da Destruição, rumo ao monte Sião, para me libertar da ira que há de vir. Fui informado de que por esta porta passa o caminho até lá, peço permissão para passar.

— É de todo o coração que abro a porta — disse Boa Vontade.

Quando Cristão entrava, o homem o puxou.

— Por que me puxou? — perguntou Cristão.

— Próximo daqui existe um castelo, chefiado por Belzebu. De lá ele e os que o acompanham atiram flechas contra aqueles que chegam até esta porta, para que assim morram antes de entrar. Quem o mandou aqui?

— Evangelista mandou-me vir até aqui. Ele garantiu-me que o senhor me diria o que devo fazer.

— Diante de você há uma porta aberta, que ninguém pode fechar (Apocalipse 3:8).

— Finalmente terei os benefícios dos riscos que corri.

— Mas por que veio sozinho?

— Nenhum dos meus vizinhos viu, como eu, o perigo que correm.

— Alguém soube da sua vinda?

— Minha mulher e meus filhos me viram partir e me chamaram de volta. Também alguns de meus vizinhos sabem.

— Mas nenhum deles o seguiu para convencê-lo a voltar?

— Obstinado e Inconstante me seguiram. Porém, quando viram que não conseguiam me convencer, voltaram. Obstinado voltou reclamando, mas Inconstante acompanhou-me ainda um pouco.

— Por que, então, ele não chegou até aqui?

— Na verdade caminhávamos juntos até chegarmos ao Pântano do Desespero, onde caímos de repente; Inconstante desanimou-se, não quis seguir e foi atrás de Obstinado.

— Pobre pecador. Será que ele tem a glória celeste em tão pouca estima que julgou não valer a pena enfrentar o risco de alguns obstáculos para alcançá-la?

— Falei a verdade sobre Inconstante, mas também quero falar toda a verdade sobre mim, pois aí se verá que eu não sou melhor do que ele. Inconstante voltou para casa, mas eu me desviei e tomei o caminho da morte. Fui convencido pelos argumentos de Sábio Mundano.

— Ah, ele o abordou! Ora, certamente o teria mandado buscar alívio pelas mãos do Legalidade. Os dois são grandes enganadores. Você aceitou seus conselhos?

— Aceitei, até onde me restou coragem. Saí à procura do Legalidade, mas, chegando perto da casa dele, pensei que a montanha que se ergue ali fosse cair sobre mim, e me vi forçado a parar.

— Essa montanha já representou a morte de muitos. Sorte você ter escapado.

— Não sei o que seria de mim se Evangelista não tivesse me encontrado, quando eu estava perdido. Mas foi por misericórdia divina que ele chegou até mim outra vez, senão eu não teria chegado até aqui. Na verdade, eu merecia mais a morte naquela montanha do que estar aqui conversando com o senhor.

— Não levantamos objeções contra ninguém. Não importa o que tenham feito antes de chegar aqui, pois de modo nenhum são lançados fora (João 6:37). Venha comigo que lhe ensinarei algo sobre o caminho que você deve trilhar. Olhe à frente. Está vendo este caminho estreito? É este o caminho que você deve seguir. Foi aberto pelos patriarcas, pelos profetas, por Cristo e seus apóstolos.

— Não há desvios nem curvas que me façam perder o caminho?

— Você encontrará muitos caminhos que partem deste para baixo. São caminhos sinuosos e largos. Mas você poderá distinguir o errado do certo assim: só este é reto e estreito (Mateus 7:13-14).

Vi no meu sonho que Cristão perguntou se não poderia ajudá-lo a aliviar o fardo que trazia às costas, pois até aquele momento não se livrara dele, nem poderia de modo nenhum tirá-lo sem auxílio. Boa Vontade lhe disse:

— Quanto ao fardo, contente-se em carregá-lo, até chegar ao local da libertação, pois lá cairá de suas costas.

Então Cristão se preparou para iniciar a caminhada. Boa Vontade informou que, estando já a certa distância da porta, chegaria à casa de Intérprete. Ali deveria bater, pois o anfitrião mostraria a ele coisas maravilhosas. Então Cristão despediu-se do homem.

Cristão chegou à casa de Intérprete e bateu à porta várias vezes. Afinal alguém apareceu, perguntando quem era ele. Cristão identificou-se:

— Sou um viajante, senhor. Um conhecido do dono desta casa enviou-me aqui para o meu próprio bem. Gostaria de falar com ele. Então o homem foi lá dentro chamar o dono da casa.

— Senhor, venho da Cidade da Destruição e me dirijo ao monte Sião. O homem que fica à porta me disse que, se eu batesse aqui, o senhor me mostraria coisas que seriam úteis na minha jornada.

— Entre — mandou seu servo acender a vela, fez sinal para que Cristão o acompanhasse e levou-o a um aposento. Cristão viu pendurado na parede o quadro de uma pessoa séria. Era assim a sua aparência: os olhos, erguidos aos céus; nas mãos, o melhor dos

O PEREGRINO

livros; a lei da verdade, escrita nos seus lábios; o mundo às suas costas; pela postura parecia apelar aos homens, e na cabeça pendia uma coroa de ouro.

— O que significa esse quadro?

— O homem cuja figura você está vendo pode gerar filhos, dá-los à luz e ainda amamentá-los ele mesmo, depois. E se você o vê de olhos erguidos aos céus, com o melhor dos livros nas mãos e a lei da verdade gravada nos lábios, é para mostrar-lhe que o trabalho dele é conhecer e revelar coisas funestas aos pecadores, como também apelar aos homens. O mundo às suas costas — continuou Intérprete — e uma coroa pendendo de sua cabeça mostram que, desprezando e desdenhando as coisas presentes pelo amor com que serve ao seu Mestre, certamente terá por recompensa a glória no mundo que há de vir.

— Mostrei primeiro este quadro — prosseguiu Intérpete — porque o homem cuja figura você está vendo é o único a quem o Senhor do lugar para onde você está indo autorizou para guiá-lo em todos os lugares difíceis que possa encontrar pelo caminho. Preste muita atenção no que você viu, para que não encontre, durante a sua jornada, alguém que finja estar encaminhando você ao rumo certo, quando na verdade o está levando à ruína e à morte.

Então Intérprete o tomou pela mão e o levou a uma sala grande e empoeirada. Depois de examiná-la, Intérprete mandou um homem varrê-la. O pó ergueu-se tão abundantemente que Cristão quase sufocou. Intérprete pediu a uma jovem:

— Traga água e borrife um pouco na sala.

Feito isso, a sala pôde ser varrida e limpa com facilidade.

— O que significa isso?

JOHN BUNYAN

— Esta sala é o coração do homem que jamais foi santifica-do pela graça do Evangelho. A poeira é seu pecado original e as corrupções mais íntimas que macularam todo o homem. Aquele que começou a varrer primeiro é a lei, mas a que trouxe água e a borrifou é o Evangelho. Quando o homem começou a varrer, a poeira levantou, tornando impossível limpar a sala. Você quase sufocou. Isso foi para mostrar que a lei, em vez de limpar o pecado do coração, o faz reviver, o fortalece e o amplia na alma, ainda que o revele e proíba, pois não dá força para que seja subjugado. Você viu a jovem borrifar a sala com água, podendo então limpá-la com satisfação. Isso é para mostrar que, quando o Evangelho entra no coração com sua influência doce e inestimável, o pecado é con-quistado e subjugado, da mesma forma como você viu a jovem fazer baixar a poeira borrifando o chão com água. A alma é pu-rificada pela fé, preparando-se para que o Rei da Glória a habite.

Vi ainda no meu sonho que Intérprete tomou Cristão mais uma vez pela mão e o levou a um quarto pequeno, onde se viam dois garotos sentados, cada qual em sua cadeira. O nome do mais velho era Paixão, e o outro chamava-se Paciência. Paixão parecia muito insatisfeito, mas Paciência permanecia bem sossegado. En-tão Cristão perguntou:

— Qual o motivo da insatisfação de Paixão?

— Seu tutor quer que ele espere, que as melhores coisas acon-tecerão no início do ano que vem. Mas ele as quer agora. Paciência se dispôs a aguardar.

Vi que alguém se aproximou de Paixão e, trazendo um saco, derramou um tesouro aos seus pés. Ele pegou, alegrou-se e ainda zombou de Paciência. Notei que Paixão logo dissipou tudo, nada restando senão farrapos.

— Explique-me melhor essa situação — pediu Cristão a Intérprete.

40

O PEREGRINO

— Esses dois meninos são simbólicos: Paixão representa os homens deste mundo, e Paciência, os homens do mundo que há de vir. Pois, como você está vendo aqui, Paixão quer tudo agora, este ano, ou seja, neste mundo. São assim os homens deste mundo; eles precisam ter todas as boas coisas imediatamente; não podem aguardar até o próximo ano

Intérprete continuou dizendo:

— O provérbio "Mais vale um pássaro na mão que dois voando" tem para eles mais autoridade do que todos os testemunhos divinos do bem do mundo que há de vir. Mas, como você mesmo viu, Paixão dissipou tudo rapidamente, e nada lhe restou senão farrapos. Assim acontecerá aos homens desse tipo no fim deste mundo.

— Agora vejo que Paciência exibe a sabedoria, e isso por duas razões. Primeiro porque aguarda as melhores coisas. E, segundo, porque também terá a glória, enquanto ao outro nada resta senão farrapos — observou Cristão.

— Você pode acrescentar: a glória do mundo vindouro jamais se gastará, mas as daqui de repente passam. Sendo assim, Paixão não teve tanto motivo para rir de Paciência só por ter recebido as boas coisas primeiro. Quanto a Paciência, poderá rir de Paixão por receber as melhores coisas por último, pois o primeiro precisa dar lugar ao último, já que o último também terá a sua hora. O último, porém, não cede o lugar a ninguém, pois não há quem venha depois dele. Aquele, portanto, que recebe primeiro o seu quinhão, deve sem dúvida ter a oportunidade de gastá-lo; porém, aquele que receber a sua porção por último a terá para sempre. E diz-se do rico: "Durante a sua vida você recebeu coisas boas, enquanto que Lázaro recebeu coisas más. Agora, porém, ele está sendo consolado aqui e você está em sofrimento" (Lucas 16:25).

JOHN BUNYAN

— Então concluo que não é melhor cobiçar as coisas que existem hoje, mas esperar pelas que virão.

— "O que se vê é transitório, mas o que não se vê é eterno" (2 Coríntios 4:18). Mas mesmo assim, como as coisas presentes e nosso desejo carnal são vizinhos tão próximos, e como as coisas que virão e o sentido carnal são tão estranhos um para o outro, é natural que aqueles se tornem amigos rapidamente, e que a distância entre eles se mantenha.

Vi em meu sonho que Intérprete tomava Cristão pela mão e o levava a um lugar onde estava uma fogueira ardendo diante de uma parede. Ali tinha uma pessoa jogando água na fogueira com a intenção de apagá-la. Mas as chamas aumentavam e ficavam cada vez mais quentes.

— O que significa isso? — perguntou Cristão.

— Esta fogueira — respondeu Intérprete — é a obra da graça que se opera no coração. Aquele que joga a água, tentando apagá-la e extingui-la, é o diabo; mas você pode ver que o fogo aumenta e fica mais quente. Você também verá a razão disso.

Então ele o levou para trás da parede, onde se via um homem com um vaso de óleo nas mãos. Ele, em segredo, derramava continuamente óleo no fogo. Cristão perguntou:

— O que isso significa?

— Este é Cristo, que continuamente, com o óleo da sua graça, mantém viva a obra já iniciada no coração, e por meio dessa obra, apesar de tudo o que pode fazer o diabo, as almas dos crentes se provam piedosas. Mas você observou também que o homem fica atrás da parede para alimentar o fogo. Isso é para ensinar que é difícil para aquele que é tentado ver como essa obra graciosa se conserva na alma.

O PEREGRINO

Vi também que Intérprete o tomava novamente pela mão, levando-o até um lugar agradável, onde se erguia um suntuoso castelo. Cristão regozijou diante da visão. Observou que, no terraço do castelo, algumas pessoas caminhavam, vestidas de ouro.

— Podemos entrar? — perguntou Cristão.

Intérprete então o levou até a porta do castelo, onde havia vários homens, todos querendo entrar. Nenhum deles, porém, ousava fazê-lo. Ali também estava sentado um homem, ao lado de uma mesa, e sobre esta se via um tinteiro e um livro, no qual ele anotava o nome daquele que deveria entrar. Cristão viu também que no vão da porta havia muitos homens que, trajando armaduras, barravam a passagem, determinados a fazer todo dano e mal que pudessem àquele que tentasse entrar. Por fim, quando todos começaram a recuar com medo dos homens armados, Cristão viu um homem de semblante bem resoluto aproximar-se do que estava sentado escrevendo, e disse:

— Anote o meu nome, senhor.

Viu que o homem desembainhava a espada e colocava um capacete na cabeça, avançando rumo à porta, contra os homens armados, que sobre ele caíram com força mortal. O homem, porém, não se deixou vencer e, mesmo caído, golpeava ferozmente. Assim, depois de ser ferido e ferir muitos homens, conseguiu abrir caminho em meio a todos eles, entrando no castelo. Ouviu-se uma bela voz vinda dos que estavam lá dentro, dos três mesmos que caminhavam no terraço do palácio, e dizia:

— Entre! A glória que conquistou, você a terá para sempre. Ele entrou e se vestiu com os mesmos trajes dos outros. Cristão sorriu e disse:

— Na verdade, acho que já sei o significado disso. Agora, deixe-me seguir adiante.

JOHN BUNYAN

— Não, fique aqui — pediu Intérprete — até que eu lhe mostre um pouco mais. Depois você poderá seguir o seu caminho.

Intérprete o levou a um aposento muito escuro, onde se via um homem sentado atrás de grades de ferro. O homem parecia muito triste. Ali sentado olhando para o chão, as mãos unidas, suspirava como se trouxesse o coração amargurado. Disse Cristão:

— O que significa isso?

Intérprete pediu-lhe que conversasse com o homem.

— O que você é? — perguntou Cristão.

— Sou o que antes não era — respondeu o homem.

— O que você era? — indagou Cristão.

— Antes era um professor bem-sucedido, tanto aos meus próprios olhos quanto aos olhos dos outros. Pensava que estava destinado a subir até a Cidade Celestial.

— O que você é agora?

— Sou um homem desesperado, e no desespero estou preso, como nessas grades de ferro. Não posso sair.

— Mas como é que você chegou a esta condição?

— Deixei de vigiar, de me manter sóbrio. Larguei as rédeas no pescoço das minhas paixões. Pequei contra a luz da Palavra e a bondade de Deus. Enchi de tristeza o Espírito, e Ele se foi. Tentei o diabo, e ele me veio. Provoquei a ira de Deus, e Ele me abandonou. Tanto endureci o meu coração que já não consigo me arrepender.

— Mas então não há esperança para um homem assim — disse Cristão a Intérprete.

— Pergunte a Ele.

JOHN BUNYAN

— Então não há esperança? Você tem de continuar preso atrás dessas grades de ferro, em desespero?

— Nenhuma esperança.

— Por quê? Se o Filho do Bem-Aventurado é misericordioso?

— Eu o crucifiquei de novo; desprezei a sua pessoa; desdenhei de sua justiça; tive o seu sangue como coisa impiedosa, insultei o Espírito da graça (Hebreus 10:29). Distanciei-me de todas as promessas, e agora nada me resta senão terríveis ameaças, que irão me dizimar como a um adversário.

— Por qual motivo você se deixou cair em tal situação?

— Pelas paixões, prazeres e proveitos deste mundo, e ao gozá-los prometi a mim mesmo grande deleite. Mas agora cada uma dessas coisas me atormenta.

— Mas você não pode se arrepender?

— Deus me negou o arrependimento. Sua Palavra me trancou atrás destas grades de ferro, e nem todos os homens do mundo podem me libertar. Como lutar contra a miséria que me aguarda na eternidade?

— Que a miséria deste homem sirva de exemplo — disse Intérprete a Cristão.

— Deus me ajude a evitar a causa da miséria deste homem. Senhor, já não é hora de eu retomar o meu caminho?

— Quero mostrar a você outra coisa. Depois poderá seguir o seu caminho.

Assim novamente ele tomou Cristão pela mão e o levou a uma câmara, onde alguém se erguia da cama e, vestindo as roupas, tremia. Cristão disse admirado:

— Por que este homem treme tanto?

O PEREGRINO

Intérprete pediu que o homem contasse a Cristão por que agia assim. O homem disse:

— Esta noite, eu estava dormindo, sonhei, e o céu ficou negro. Trovejava e relampejava terrivelmente. Em meu sonho, eu vi o vento soprando as nuvens de uma maneira estranha. Ouvi depois um grande som de trombeta, e vi também um homem sentado sobre uma nuvem.

O homem continuou:

— Ouvi uma voz que dizia: "Levantai, mortos, e venham ao juízo". As rochas se fenderam, os sepulcros se abriram e os mortos saíram. Alguns deles estavam contentes e olhavam para o alto. Alguns procuravam se esconder sob as montanhas. Então olhei para o homem sentado sobre a nuvem e o vi abrir o livro, convocando o mundo para junto de si. Porém, por força de uma labareda que emanava dele, havia uma distância entre ele e os outros, como entre o juiz e os prisioneiros em um tribunal. Também ouvi um protesto aos que serviam o homem sentado na nuvem: "Juntem o joio, a palha e o restolho, e lancem tudo no lago de fogo". E imediatamente se abriu o abismo sem fundo, bem abaixo de onde eu estava, e lá de dentro jorravam brasas ardentes e fumaça, acompanhadas de sons terríveis. Às mesmas pessoas disseram: "Recolham o trigo no meu celeiro" (Lucas 3:17; Mateus 3:12). Vi muitos serem arrebatados e alçados às nuvens. Mas eu fiquei. Também procurei me esconder, mas não conseguia, pois o homem sobre a nuvem não tirava os olhos de mim. Lembrei dos meus pecados, e minha consciência me acusava a cada passo. Então acordei.

— Mas o que foi que o deixou com tanto medo dessa visão?

— Pensei que o dia do juízo chegara, e que eu não estava pronto. Mas isso me apavorou, pois os anjos arrebataram várias pessoas e me deixaram para trás. Além disso, o abismo do inferno abriu-se

JOHN BUNYAN

bem onde eu estava. Minha consciência também me arruinava; e enquanto eu pensava sobre isso, o juiz não tirava os olhos de mim.

Intérprete perguntou a Cristão:

— Você já refletiu sobre todas essas coisas?

— Sim, e elas me provocam esperança e medo.

— Lembre-se de tudo isso, para que o faça avançar pelo caminho que você deve seguir.

Então Cristão foi se preparar para retomar a jornada.

Mas Intérprete ainda lhe disse:

— O Consolador esteja sempre com você, bom Cristão, para guiá-lo pelo caminho que conduz à Cidade.

Assim partiu Cristão, pensando:

Presenciei coisas raras e pertinentes,
Coisas temíveis que ficaram na minha mente.
E que o que vi me fortaleça naquilo que me propus fazer,
Que eu compreenda a razão pela qual me fizeram ver.
E que eu ao bom Intérprete seja agradecido,
Pelo conselho por ele recebido.

Em meu sonho pude ver que a estrada pela qual Cristão viajaria era murada dos dois lados, e o muro chamava-se Salvação. Cristão seguia seu caminho sobrecarregado, por causa do fardo às suas costas. Seguiu até alcançar um local íngreme, no alto do qual se erguia uma cruz, e pouco abaixo, no vale, um sepulcro. Assim que Cristão chegou à cruz, seu fardo foi abrandando, escorregou pelos seus ombros, tombou e foi descendo até a entrada do sepulcro, onde caiu, e não mais o enxerguei. Cristão ficou alegre e aliviado, e disse:

— Ele me trouxe repouso com sua angústia, e vida pela morte — e ali permaneceu algum tempo, olhando e admirando, pois ficara muito surpreso ao perceber que a visão da cruz o aliviava de seu fardo. Olhou até que as fontes de sua cabeça manassem água, que lhe escorria pelo rosto. Enquanto Cristão olhava e chorava, três seres resplandecentes se aproximaram dele, e o saudaram dizendo: "A paz esteja contigo". E o primeiro lhe disse: "Os seus pecados estão perdoados" (Marcos 2:5). O segundo o despiu dos farrapos e o vestiu com roupas novas (Zacarias 3:3-5). O terceiro gravou-lhe um sinal na testa, entregou a ele um pergaminho lacrado com um selo, instruindo Cristão a entregá-lo no Portão Celestial (Efésios 1:13).

Os três então partiram. Cristão deu três saltos de alegria, e seguiu cantando:

> *Sobrecarregado de pecados aqui cheguei,*
> *Ninguém podia aliviar o meu pesar*
> *Que até aqui tive que carregar.*
> *Ah, lugar maravilhoso!*
> *Será venturoso?*
> *Aqui o fardo das costas cairá?*
> *A corda que a mim o prende romperá?*
> *Bendita cruz! Bendito sepulcro!*
> *Seja abençoado o Homem que por mim foi humilhado.*

Vi em meu sonho que Cristão chegara a um vale, onde avistou, ao longo do caminho, três homens adormecidos, com grilhões nos tornozelos. O nome de um deles era Simplório; outro se chamava Indolência; e o terceiro, Presunção. Cristão aproximou-se deles e gritou:

— Vocês são como os que dormem no meio do mar agitado ou deitam-se sobre as cordas de um alto mastro (Provérbios 23:34), pois o Mar Morto está debaixo de vocês, um abismo sem fundo.

JOHN BUNYAN

Despertem e venham; se estiverem dispostos, posso ajudá-los a livrar-se das cadeias. Se aquele que espreita como leão passar por aqui, certamente vocês serão presas fáceis de suas garras (1 Pedro 5:8). Abriram os olhos e responderam:

— Não vejo perigo — disse Simplório.

— Quero dormir só um pouco mais — falou Indolência.

— Toda pipa deve ficar de pé sobre o próprio fundo; que outra resposta devo dar-lhe? — acrescentou Presunção.

Assim voltaram a dormir, e Cristão seguiu caminho. Perturbou-se, porém, ao pensar que os homens expostos a tal perigo recusaram a bondade daquele que oferecia auxílio, tanto por despertá-los como por aconselhá-los, oferecendo-se também para ajudá-los a livrar-se dos grilhões. Cristão avistou dois homens pulando o muro pelo lado esquerdo do estreito caminho, e o alcançaram. O nome do primeiro era Formalista, e o segundo chamava-se Hipocrisia.

Cristão então perguntou:

— De onde vêm os cavalheiros e para onde vão?

— Nascemos na Terra da Vanglória, e vamos louvar no monte Sião.

— Por que não vieram pela porta que fica no começo do caminho? Os senhores não sabem que aquele que entra, não pela porta, mas sobe por outra parte qualquer, é ladrão e salteador? (João 10:1).

— Algumas pessoas nos contaram que ir até a porta só para entrar era perda de tempo, e que, portanto, a melhor maneira era tomar um atalho e pular o muro, como eles já haviam feito.

— Mas, violando assim a vontade do Senhor da Cidade Celestial para a qual seguimos, será que ele não os terá como transgressores?

O PEREGRINO

— Todos os nossos compatriotas concordam que essa entrada, ou porta estreita, é muito longe. Nossos conterrâneos preferem pegar um atalho e pulam o muro nesta parte do caminho, como nós fizemos. E isso já acontece há mais de mil anos.

— Será que essa sua prática resistirá a um julgamento perante a lei?

— Disseram que esse costume, sendo de tão longa data, mais de mil anos, sem dúvida seria admitido como ato legal por qualquer um. E, além disso, que diferença faz se chegamos por esta ou aquela entrada? Parece que você entrou pela porta; mas nós que pulamos o muro também estamos no caminho. Em qual aspecto é a sua condição melhor do que a nossa?

— Eu caminho segundo a regra do meu Mestre; vocês caminham segundo a sua imaginação. Vocês já são tidos como ladrões pelo Senhor do caminho; portanto, duvido que ao final venham a ser tidos como peregrinos verdadeiros. Entraram por conta própria, sem a orientação d'Ele, e seguirão por conta própria, sem a misericórdia d'Ele.

Ouvindo isso, pouco argumentaram; mandaram apenas que Cristão se preocupasse com sua vida. Vi que prosseguiam, cada qual em seu caminho. Os dois homens, porém, disseram a Cristão que não duvidavam de leis e mandamentos, mas que os cumpririam tão conscienciosamente quanto ele. Logo, falaram:

— Não pudemos ver em que você difere de nós, senão pela sua roupa, que, supomos, lhe foi dada por alguns de seus vizinhos para esconder a vergonha de sua nudez.

— Por leis e mandamentos vocês não serão salvos, pois não entraram pela porta. Quanto a minha roupa, me foi dada pelo Senhor do lugar para onde vou, como vocês dizem, para cobrir a minha nudez. E a tenho como sinal da bondade d'Ele para comigo, pois antes nada tinha senão trapos. Eu acredito que, quando

JOHN BUNYAN

chegar ao portão da cidade, o Senhor de lá me reconhecerá como um dos seus, pois trago a roupa que ele me deu no dia em que me despi dos meus trapos. Tenho, além disso, um sinal na testa — disse Cristão — do qual talvez vocês ainda não tenham se dado conta. Um dos companheiros mais íntimos do meu Senhor gravou esse sinal aqui no dia em que meu fardo me caiu dos ombros. Digo-lhes, ainda, que me foi dado na ocasião um pergaminho selado, para eu me consolar pelo caminho com sua leitura. Recebi também ordens de o entregar no Portão Celestial, como sinal da certeza de que poderei entrar; tudo isso são coisas de que duvido que vocês sintam falta, e desejem, pois não entraram pela porta.

Os dois não responderam a esses comentários, mas entreolharam-se e começaram a rir. Notei que ambos passaram a caminhar atrás, e Cristão seguia à frente, sozinho. Seguiu sem falar mais com os estranhos, suspirando aliviado. Para revigorar-se, lia o pergaminho que havia recebido de um dos seres resplandecentes.

Todos prosseguiram até chegar ao sopé de um morro, onde, na baixada, via-se uma fonte. Também no mesmo lugar havia dois outros caminhos além daquele que, reto, provinha da porta; um virava à esquerda, o outro à direita, ao sopé do morro; mas o caminho estreito seguia diretamente morro acima. A subida pela encosta do morro se chamava Dificuldade. Cristão caminhou até a fonte e bebeu um pouco d'água; logo depois começou a subir o morro, dizendo:

> *Este morro alto tenciono escalar,*
> *A Dificuldade não me deterá.*
> *Imagino que passa aqui o caminho da vida,*
> *Não temo nem desisto da subida.*
> *Difícil é decidir o caminho certo,*
> *O errado, apesar de fácil, leva à perdição, decerto.*

JOHN BUNYAN

Os outros dois homens também chegaram ao sopé do morro. Mas quando viram que a subida era íngreme, e que havia dois outros caminhos a tomar, presumiram que os dois caminhos pudessem se encontrar do outro lado do morro, resolveram então seguir essas trilhas incertas. O nome de uma delas era Perigo, e a outra se chamava Destruição. Assim, um deles seguiu o caminho chamado Perigo, que o levou até uma grande mata; e o outro seguiu o caminho rumo à Destruição, que o levou a uma vasta região repleta de montanhas sombrias, onde tropeçou e caiu, para não mais se erguer. Eu vi Cristão subindo o morro. Percebi que passara a caminhar e, depois, a escalar apoiado nas mãos e nos joelhos, pois a subida era íngreme. No meio caminho do cume havia um caramanchão aprazível, feito pelo Senhor do morro para descanso dos viajantes. Chegando ali, Cristão sentou-se para descansar. Tirou o pergaminho que guardara junto ao peito e leu para se confortar. Passou também a examinar mais detidamente a roupa que recebera diante da cruz. Deixou-se vencer pelo cansaço e cochilou, logo caindo em sono profundo. Durante o sono, o pergaminho caiu da sua mão. Alguém se aproximou e o despertou, dizendo:

— "Observe a formiga, preguiçoso, reflita nos caminhos dela e seja sábio!" (Provérbios 6:6).

Cristão despertou e retomou a subida, apressando-se pelo caminho até chegar ao cume do morro. Dois homens vieram correndo ao seu encontro; um deles se chamava Hesitante, o outro, Desconfiança. Cristão disse a eles:

— Senhores, por que estão correndo na direção errada?

Hesitante disse:

— Estou indo para a Cidade de Sião, quanto mais você avança, mais perigo encontra, e por isso estamos voltando.

O PEREGRINO

— Isso mesmo — disse Desconfiança — pois bem a nossa frente, no meio do caminho, vimos dois leões deitados. Não sabemos se estavam dormindo; só pensamos que, se chegássemos mais perto, eles imediatamente iriam nos devorar.

— Vocês me amedrontam — disse Cristão — mas para onde devo fugir? Se voltar a minha terra, sei que ela está reservada para o fogo e o enxofre; e ali certamente morrerei. Se conseguir chegar à Cidade Celestial, tenho certeza de que lá estarei seguro. Tenho de arriscar: voltar é morte certa, mas à frente está o medo da morte, e a vida eterna jaz além. Por isso vou prosseguir.

Assim Desconfiança e Hesitante desceram o morro correndo, e Cristão seguiu caminho. Ponderando novamente o que ouvira dos homens, apalpou o peito em busca do pergaminho. Procurando, porém, não o encontrou. Então Cristão se viu em grande aflição, sem saber o que fazer, pois aquele pergaminho costumava aliviá-lo, e que seria também seu passe para a Cidade Celestial. Confuso, não sabia que rumo tomar. Lembrou-se, por fim, de que dormira debaixo do caramanchão na encosta do morro e, caindo de joelhos, pediu a Deus perdão pelo seu ato insano e voltou para procurar o pergaminho. Cristão, pesaroso, suspirava e chorava, repreendia-se por ter sido insensato a ponto de adormecer no lugar que foi feito só para um breve descanso do viajante. Voltou, na esperança de achar o pergaminho que servira de consolo na jornada. Desceu até enxergar o caramanchão. Descia assim lamentando aquele sono pecaminoso, e dizia:

— Ah, desventurado homem que sou por ter dormido durante o dia! Por ter dormido em meio à Dificuldade! Por ter usado o descanso para aliviar a carne, quando o Senhor do morro o fizera somente para alívio do espírito dos peregrinos! Quantos passos não dei em vão! Com pesar vou trilhar esse caminho, enquanto poderia trilhá-lo com alegria, se não fosse esse sono pecaminoso.

JOHN BUNYAN

Já poderia ter adiantado o meu caminho. Preciso refazer os mesmos passos três vezes, caminho que podia ter trilhado uma só vez. Talvez a noite me apanhe, pois o dia está quase no fim.

Afinal alcançou novamente o caramanchão, onde por algum tempo ficou sentado chorando, mas olhando debaixo do banco, enxergou o pergaminho, que pegou com afinco, guardando-o novamente junto ao peito. Quanta alegria sentiu esse homem por recuperar o pergaminho! Pois era certeza de vida e garantia de aceitação no desejado céu. Assim deu graças a Deus por ter guiado seu olhar ao lugar onde estava, e com satisfação e lágrimas retomou a jornada. Subiu o caminho rapidamente até o cume! Porém, antes de lá chegar, o sol já se pusera, e isso o fez lembrar a futilidade de seu sono, e se pôs a lamentar.

— Ah, sono pecaminoso! Por sua causa tenho de prosseguir sem o sol, as trevas devem cobrir os meus passos, e ouvirei os ruídos sombrios das criaturas da noite, tudo por causa desse sono pecaminoso! (1 Tessalonicenses 5:6).

Agora também se lembrava da história que Desconfiança e Hesitante haviam lhe contado, o quanto se apavoraram ao ver os leões. Então pensou Cristão: "Esses animais saem à noite em busca das presas, e se me encontrarem no escuro, como poderei fugir? Como evitar ser devorado por eles?" Assim seguiu seu caminho, mas enquanto lamentava seu deslize, ergueu os olhos e, diante dele, bem ao lado do caminho, erguia-se um suntuoso castelo, e seu nome era Belo.

Vi em meu sonho que Cristão seguiu adiante, com esperança de se refugiar ali. Logo adiante entrou por uma passagem estreita, que ficava a cerca de um metro da guarita do porteiro. Enquanto ele caminhava, logo avistou dois leões. Ele pôde ver os perigos que fizeram Desconfiança e Hesitante voltar por onde vieram, os leões estavam acorrentados, mas ele não via as correntes. Ficou com medo, e cogitou voltar como os outros dois, pois acreditava que a morte o esperava adiante. Mas o porteiro, que se chamava Vigilante, percebendo que Cristão estacara, como se quisesse voltar, gritou:

— Sua coragem é tão pequena assim? (Marcos 8:34-37). Não tema os leões, pois estão acorrentados, e foram colocados aqui para testar a fé dos que a têm e para revelar aqueles que não a têm. Mantenha-se no meio do caminho, e nada sofrerá. Vi que ele avançava, tremendo de medo dos leões, atento às orientações do porteiro. Ouviu o rugido das feras, mas elas não o tocaram. Então bateu palmas e seguiu adiante até alcançar o portão onde estava o porteiro. Disse Cristão:

— Senhor, que casa é esta? Posso passar a noite aqui?

— Esta casa foi construída pelo Senhor do morro, e ele a ergueu para alívio e segurança dos peregrinos — respondeu o porteiro, que também lhe perguntou de onde vinha e para onde ia.

— Venho da Cidade da Destruição e sigo para o monte Sião, mas como o sol já se pôs, pretendo passar esta noite aqui.

— Qual é o seu nome?

— Meu nome é Cristão, mas antes eu me chamava Desditoso. Procedo da linhagem de Jafé, a quem Deus convenceu a habitar nas tendas de Sem.

— Mas por que você chegou tão tarde?

— Dormi debaixo do caramanchão na encosta do morro, e durante o sono perdi meu pergaminho, e sem ele vim até o cume do morro. Depois o procurei e, não o encontrando, me vi forçado, com pesar no coração, a voltar ao lugar onde dormi, e ali o encontrei. Por isso só cheguei agora.

— Vou chamar uma das virgens da casa, e se ela gostar da sua conversa, irá apresentá-lo ao resto da família, segundo as regras da casa.

O porteiro Vigilante tocou um sino. Logo em seguida, surgiu à porta da casa uma donzela linda e séria, de nome Discrição.

— Este homem vem da Cidade da Destruição e segue rumo ao monte Sião, mas está cansado e, surpreendido pela noite, pediu para passar essa noite aqui.

Discrição disse:

— Vou chamar mais algumas pessoas da família. Chamou Prudência, Piedade e Caridade que, após conversarem com Cristão, aceitaram-no na família. Estas o saudaram no umbral da casa, dizendo:

— Entre, bendito do Senhor. Esta casa foi construída pelo Senhor do morro com o propósito de abrigar os peregrinos.

Ele então inclinou a cabeça, em respeito, e entrou na casa. Já lá dentro, sentado, deram-lhe algo de beber, e decidiram que, até a ceia ficar pronta, algumas delas teriam uma conversa particular com Cristão, para melhor aproveitamento do tempo. Designaram Piedade, Prudência e Caridade para a tarefa, e começaram assim:

— Meu bom Cristão, já que fomos tão amáveis com você, recebendo-o em nossa casa, gostaríamos de saber tudo o que aconteceu em sua peregrinação — disse Piedade.

— Reconheço quanta bondade vocês têm para comigo. Vou contar sobre minha peregrinação.

— O que o motivou a lançar-se à vida de peregrino? — indagou Piedade.

— Saí de minha cidade por causa de um alerta: que uma destruição inevitável pairava sobre mim se continuasse naquele lugar.

JOHN BUNYAN

— Mas por que você saiu de sua cidade justamente por este caminho? — perguntou Piedade.

— Foi vontade de Deus, pois, quando os temores da destruição me atormentavam, não tinha ideia que caminho seguir. Conheci um homem, de nome Evangelista, que me orientou rumo à porta estreita e me colocou no caminho que veio dar diretamente nesta casa.

— Mas você não passou pela casa de Intérprete?

— Passei, e lá vi coisas cuja lembrança permanecerá comigo por toda vida, especialmente três delas: que Cristo, apesar de Satanás, conserva no coração sua obra da graça; que para o homem que pecou muito, não há esperança além da misericórdia divina; e também o relato daquele que pensou, sonhando, ter chegado o dia do juízo.

— Por quê? Ele lhe contou seu sonho?

— Sim, e que sonho terrível. Senti uma dor no coração enquanto ele me contava o sonho, mas estou feliz por tê-lo ouvido.

— O que mais você viu na casa de Intérprete?

— Ele me levou a um palácio imponente, e lá as pessoas trajavam ouro. Chegou por lá um homem corajoso, que abriu caminho pelos guardas armados que vigiavam a porta e tentavam impedi-lo. Esse homem foi convidado a entrar para receber a glória eterna. Essas coisas me arrebataram o coração. Eu poderia ter ficado na casa daquele bom homem um ano inteiro, mas sabia que tinha de seguir viagem.

— E o que mais você viu pelo caminho?

— Avancei um pouco mais e vi aquele que, como eu imaginava, pendia da cruz, sangrando. A mera visão dele fez o meu fardo cair de minhas costas. Para mim foi algo estranho, pois nunca vira isso antes. Enquanto eu estava ali de pé olhando para cima, aproximaram-se três seres resplandecentes. Um deles me disse que meus pecados estavam perdoados; outro me tirou os farrapos e deu-me esta roupa bordada; e o terceiro gravou este sinal que você vê na minha testa, e deu-me ainda este pergaminho selado.

— Mas você viu mais do que isso? — indagou Piedade.

— As coisas que lhe contei foram as mais importantes. Mas vi outras. Por exemplo, ao passar três homens: Simplório, Indolência e Presunção — adormecidos ao longo do caminho, com grilhões nos tornozelos. Pensa que eu consegui acordá-los? Vi também Formalista e Hipocrisia pularem o muro para seguir, segundo pretendiam, até Sião, mas logo se perderam, como de fato eu lhes havia prevenido, pois não acreditaram em mim. Precisei me esforçar muito para subir este morro, e foi difícil passar ao lado dos leões. Na verdade, não fosse pelo porteiro que guarda a entrada, talvez teria decidido voltar. Agradeço a Deus por estar aqui, e agradeço a vocês por terem me recebido.

Então Prudência achou conveniente fazer-lhe algumas perguntas:

— Você às vezes não pensa na cidade de onde veio?

— Penso, mas com muita vergonha e ódio. Desejo uma cidade melhor, ou seja, uma Cidade Celestial (Hebreus 11:15-16).

— Você ainda tolera algumas das coisas com que estava familiarizado antes?

— Tolero, mas contra a minha vontade, especialmente os pensamentos íntimos e carnais, com que todos os meus conterrâneos, assim como eu, nos deleitávamos. Agora todas essas coisas me doem e, se eu pudesse escolher meus próprios pensamentos, gostaria de não pensar nessas coisas. Porém, quando quero fazer o que é melhor, vejo que as piores coisas estão ainda em mim.

— Você não acredita que, às vezes, essas coisas parecem dominadas, mas outras vezes ainda lhe são um problema?

— Acredito, mas isso é raro. Porém, quando acontece, são horas preciosas.

— Você consegue se lembrar por que, às vezes, as contrariedades parecem dominadas?

— Quando penso no que vi diante da cruz, por exemplo; quando olho a minha roupa bordada; também quando leio o pergaminho que trago junto ao peito; e ainda quando a ideia do lugar para onde estou indo me estimula.

— Por que deseja ir até monte Sião?

— Espero encontrar aquele que, morto, vi pendurado na cruz; e ali espero livrar-me de todas essas coisas que até hoje me atormentam. Lá, dizem, não existe morte, e lá viverei com a companhia que mais me agrada. Na verdade, só posso amá-lo, pois foi Ele quem me aliviou o fardo. Estou cansado da enfermidade que trago em mim; prefiro estar onde não morrerei, ao lado daqueles que continuamente bradam: "Santo, Santo, Santo!".

Então Caridade tomou a palavra e perguntou a Cristão:

— Você tem família?

— Tenho mulher e quatro filhos.

— E por que não vieram com você?

— Ah, como gostaria que estivessem aqui — disse entre lágrimas. — Mas todos eles foram contrários à minha peregrinação.

— Você deveria ter conversado com eles e se empenhado em mostrar-lhes o perigo de ficar para trás.

O PEREGRINO

— Pois foi o que eu fiz. Disse-lhes também que Deus me havia revelado a destruição de nossa cidade, mas eles pensaram que eu estava enlouquecendo (Gênesis 19:14) e não me deram crédito.

— Mas você pediu a Deus que abençoasse o conselho que você dava a eles?

— Sim, e pedi com muito amor, pois acredite: minha mulher e meus pobres filhos me eram preciosos.

— Mas você falou do pesar que sentia e do medo da destruição? Pois suponho que a destruição era bastante nítida, não?

— Era, e cada vez mais. Talvez eles vissem também os temores em meu rosto, nas minhas lágrimas e também nos tremores que eu tinha por causa da apreensão diante do juízo que pairava sobre nossas cabeças.

— Mas qual a razão que eles alegaram para não vir?

— Minha mulher tinha medo de perder este mundo, e meus filhos se apegavam aos prazeres da juventude.

— Talvez, com sua vida fútil, você não contrariou tudo o que, com palavras, usava para tentar convencê-los a acompanhá-lo?

— Com certeza a minha vida não é digna de elogios, pois tenho consciência das minhas faltas. Entendo que o homem, por sua conduta, pode derrubar tudo aquilo que por argumentos ou persuasão tenta impor aos outros, para o próprio bem deles. Eu tomava todo o cuidado para não lhes dar motivo, por qualquer ato indecoroso, de ter aversão à peregrinação. E por isso mesmo eles me diziam que eu era rígido, que me privava de coisas, por causa deles, nas quais eles não viam mal algum. Acredito que, se em mim viram algo que realmente os deteve, era a dor que me afligia ao pecar contra Deus ou fazer algum mal contra o meu próximo.

JOHN BUNYAN

— Na verdade Caim odiava seu irmão por que suas atitudes eram más, e as de Abel, justas (1 João 3:12). Se sua mulher e filhos se ofenderam com você por isso, mostraram-se assim implacáveis diante do bem. Mas você libertou a sua alma (Ezequiel 3:19) do sangue deles.

Vi em meu sonho que ficaram conversando até a ceia ficar pronta. A mesa estava posta com belos pratos, e vinho fino; e toda a conversa durante a ceia foi sobre o Senhor do morro, sobre o que Ele fizera e por que fez o que fez, e por que construíra aquela casa. Percebi que tinha sido um grande guerreiro, que combatera e matara aquele que tinha o poder da morte (Hebreus 2:14), sem arriscar, o que me fez amá-lo ainda mais. Pois, como disseram eles, e como creio eu, disse Cristão, perdeu muito sangue; mas o que espalha a glória da graça em tudo o que Ele fez, é ter feito por amor a sua terra. Alguns da casa disseram que haviam conversado com Ele após sua morte na cruz. Disseram que Ele ama tanto os pobres peregrinos que, de leste a oeste, não se acha amor igual. E ainda, relataram o seguinte: que havia se despido da própria glória para auxiliar os pobres; e disseram tê-lo ouvido falar que não estaria sozinho na montanha de Sião. Disseram, ainda, que Ele fizera príncipes a muitos peregrinos, embora tenham nascido mendigos e sua origem fosse o monturo (1 Samuel 2:8; Salmos 113:7). Conversaram até tarde da noite e, após orar pedindo a proteção do Senhor, foram repousar. O peregrino foi acomodado em um amplo quarto no andar de cima, cuja janela dava para o nascente. O nome do quarto era Paz, e ali dormiu até o raiar do dia, quando acordou e cantou:

> *Onde estou, meu Senhor?*
> *Será isso o amor divino,*
> *Que Jesus tem para quem é peregrino?*
> *Quantas coisas oferece!*
> *Até perdão ao culpado que não o merece.*

O PEREGRINO

Não o deixaram partir sem antes apresentar as raridades da casa. Primeiro levaram-no até a biblioteca, onde mostraram documentos da Antiguidade. Mostraram-lhe a ascendência do Senhor do morro, que era filho do Ancião de Dias e veio à existência por eterna geração. Ali também se achavam registrados os atos que Ele executara, os nomes de muitas pessoas que Ele tomara para seu serviço, e como os havia posto em moradas que jamais seriam destruídas. Então leram para ele alguns dos atos meritórios que alguns de seus servos haviam feito: como subjugaram reinos, executaram a justiça, alcançaram promessas, fecharam as bocas de leões, apagaram o fogo, escaparam da espada, da fraqueza extraíram força, derrotaram exércitos de estrangeiros (Hebreus 11:33-34). Leram um trecho que descrevia que o Senhor recebe na sua graça todas as pessoas, mesmo aquelas que tenham feito afronta à sua pessoa e aos seus caminhos. Ali estavam muitas outras histórias famosas, e Cristão teve um vislumbre, de coisas antigas e modernas, além de profecias e predições de acontecimentos que se cumprirão, tanto para medo e espanto dos inimigos, quanto para consolo e alívio dos peregrinos.

No outro dia o levaram à armaria, onde apresentaram vários equipamentos que seu Senhor providenciara para os peregrinos: espada, escudo, capacete, couraça, toda oração e calçados resistentes. Havia o bastante para equipar tanto os homens ao serviço do Senhor quanto as milhares de estrelas que há no céu. Também lhe mostraram alguns dos objetos com que alguns de seus servos haviam feito prodígios. Mostraram-lhe a vara de Moisés; o martelo e o cravo com que Jael matou Sísera; também os cântaros, as trombetas e as tochas com que Gideão utilizou com os exércitos de Midiã. Então lhe mostraram a aguilhada de bois que Sangar usou para matar seiscentos homens; e ainda a queixada com que Sansão fez suas proezas. Além disso, a funda e a pedra que Davi usou para matar Golias de Gate, e também a espada com que seu

JOHN BUNYAN

Senhor irá matar o homem de iniquidade, no dia em que há de erguer-se para o Juízo. Cristão ficou admirado com tudo.

Vi em meu sonho que, no dia seguinte, ele se levantou decidido a seguir viagem, mas quiseram que ele ficasse até o outro dia, e disseram:

— Se o tempo estiver bom, vamos lhe mostrar as Montanhas Aprazíveis.

As montanhas ficavam mais perto do refúgio desejado do que o lugar onde estavam, então lhe daria mais ânimo. Ele aceitou o convite. Levaram-no até o terraço e apontaram o sul, ele viu uma linda região montanhosa, com matas, vinhedos, frutas de todas as espécies, flores, riachos e fontes. Cristão perguntou o nome daquela terra, e lhe disseram que era a Terra de Emanuel, região à qual todos os peregrinos tinham livre acesso, tanto quanto o morro onde estavam. E que quando ele chegasse lá, poderia ver o portão da Cidade Celestial, pois os pastores que moram ali o mostrariam. Na hora de partir, eles o levaram novamente até a armaria. E o aparelharam da cabeça aos pés com instrumentos poderosos e resistentes, para enfrentar os perigos do caminho.

As mulheres o acompanharam até o portão, e ele perguntou ao porteiro se ele tinha visto algum peregrino passar por ali.

— Vi sim — respondeu.

— Você o conheceu?

— Perguntei seu nome, e ele me disse que se chamava Fiel.

— É da minha cidade. Vizinho meu. Quanto você acha que ele já andou?

— A essa altura já deve ter descido o morro.

— Que o Senhor esteja com você, e muito acrescente a todas as suas bênçãos, pela bondade que teve para comigo.

E seguiu caminho. Discrição, Piedade, Caridade e Prudência o acompanharam até o sopé do morro. E Cristão falou:

— Assim como foi difícil subir, acredito que é perigoso descer.

— É verdade — disse Prudência —, pois para o homem é penoso descer até o Vale da Humilhação, sem escorregar pelo caminho. Portanto — disseram elas — vamos acompanhá-lo até lá.

Então ele começou a descer, cautelosamente, e ainda assim sofreu alguns escorregões.

E vi em meu sonho que as mulheres lhe deram um pedaço de pão, uma garrafa de vinho e um cacho de passas. E assim seguiu caminho. No Vale da Humilhação, porém, o caminho se tornou difícil para Cristão. Logo avistou um demônio vindo em sua direção. Seu nome era Apoliom (Apocalipse 9:11). Cristão teve medo, ficou sem saber se voltava ou continuava. Ele não tinha armadura nas costas, e se deu conta de que virar as costas ao demônio daria a vantagem de feri-lo facilmente com seus dardos.

Cristão resolveu arriscar-se e continuou a caminhar. Apoliom era todo coberto de escamas como um peixe, sendo essas escamas o seu orgulho, tinha asas de dragão, patas de urso, do ventre saíam fogo e faíscas, e a boca era como a de um leão. Alcançando Cristão, passou a interrogá-lo:

— De onde você vem, e para onde vai?

— Venho da Cidade da Destruição, lugar de todo o mal, e me dirijo à Cidade de Sião.

— Você é um dos meus súditos, pois sou príncipe e deus de toda aquela terra. Você não pode fugir do seu rei. Se eu não tivesse a esperança de que você possa ainda me servir, agora mesmo o esmagaria.

— Nasci nos seus domínios, mas seu serviço era duro, e seu salário não era suficiente para a vida do homem, pois o salário do pecado é a morte (Romanos 6:23). Agora que alcancei a maturidade, decidi procurar uma forma de emendar-me.

— Nenhum príncipe perde tão fácil seus súditos. Mas se você não está satisfeito com seu serviço e com seu salário, fique tranquilo. Prometo dar a você tudo o que de melhor haja em sua terra.

— Já me comprometi com o Rei dos príncipes.

— Como diz o provérbio, você trocou o ruim pelo pior. Mas, dentre aqueles que se confessam servos d'Ele, é comum haver deserções, pois logo voltam para mim. Se você fizer isso, terá recompensas.

— Mas já confiei a Ele a minha fé, e jurei fidelidade, como poderia voltar atrás sem ser enforcado por traição?

— Você fez o mesmo comigo, e, no entanto, me disponho a esquecer, se você voltar atrás.

— Quando eu seguia você eu era imaturo. O Príncipe cuja bandeira agora defendo irá me absolver, e perdoar; gosto de servir a Ele, do salário que me paga, de seus outros servos, de seu governo, de sua companhia e de sua terra. Gosto mais disso tudo do que das coisas que você me oferece. Desista de tentar convencer-me.

— Pense com calma no que irá encontrar neste caminho que você está seguindo. Você sabe que a maioria dos servos d'Ele tem um fim triste, pois são contra mim e contra os meus caminhos. Você acredita que servir a Ele é melhor do que servir a mim, mas jamais saiu do lugar de onde está para libertar das nossas mãos qualquer um dos que lhe servem. Todos sabem que muitas vezes

O PEREGRINO

libertei d'Ele, por força ou astúcia, aqueles que fielmente me servem. Também o libertarei.

— O fato de Ele não os libertar é para testar o seu amor, confirmar se até o final se manterão fiéis. Quanto ao triste fim que você diz estar reservado a eles, isso lhes traz toda a glória, pois, no presente, não esperam libertação; esperam a glória vindoura, e certamente a terão quando o seu Príncipe vier na sua glória e na glória dos anjos.

— Você já foi infiel no seu serviço a Ele. Como então espera receber d'Ele salário?

— E como fui infiel a Ele?

— Você desfaleceu no início, quando quase se afogou no Pântano do Desânimo. Optou por caminhos errados para se livrar do fardo, quando devia ter tolerado até que seu Príncipe lhe aliviasse a carga. Você dormiu em pecado, e perdeu algo muito precioso. Diante dos leões, quase desistiu e voltou e, ao falar da sua jornada, e do que ouviu e viu, no íntimo, você deseja vanglória em tudo o que diz e faz.

— Tudo que você disse é verdade, e outras coisas que você não mencionou, mas o Príncipe a quem sirvo e honro é misericordioso, sempre pronto a perdoar. Além disso, essas fraquezas já me possuíam em sua terra, pois foi lá que as contraí, e tenho sofrido com elas. Mas assim mesmo alcancei o perdão do meu Príncipe.

Apoliom furioso disse:

— Sou inimigo desse Príncipe. Abomino sua pessoa, suas leis e seu povo. Vim com o propósito de deter você.

— Apoliom, tenha cuidado com o que pensa fazer, pois estou na estrada do Rei, o caminho da santidade.

Apoliom, então, ocupou o caminho de um lado a outro e disse:

JOHN BUNYAN

— Não temo isso. Prepare-se para morrer, pois juro por meu antro infernal que você não seguirá adiante. Tomarei sua alma.

E atirou então um dardo flamejante contra o peito de Cristão. Este, porém, defendeu-se com o escudo que trazia no braço. Cristão avançou, pois viu que era o momento de se defender. Apoliom atacou novamente, lançando dardos. Cristão, apesar de evitar os dardos, feriu-se na cabeça, na mão e no pé, e diante disso, recuou. Apoliom continuou atacando, mas Cristão tomou coragem para resistir. O combate perdurou por metade do dia, até estar Cristão já quase vencido. Cristão ficava cada vez mais fraco, por causa dos ferimentos, Apoliom, vendo a oportunidade, buscou aproximar--se mais de Cristão e, em luta corpo a corpo, jogou-o no chão. O golpe foi certeiro e a espada de Cristão voou longe.

— Vou matá-lo agora! — gritou Apoliom, sufocando-o até quase a morte. Mas quando o demônio se preparava para o golpe fatal, Cristão, por graça de Deus, estendeu a mão à espada e a agarrou, dizendo:

— "Não se alegre com a minha desgraça, ó inimigo meu; Embora eu tenha caído, eu me levantarei" (Miquéias 7:8).

Desferiu um golpe fatal, fazendo recuar o demônio, como que ferido de morte. Cristão atacou o demônio novamente, gritando:

— "Mas, em todas estas coisas somos mais que vencedores, por meio daquele que nos amou" (Romanos 8:37).

Diante disso, Apoliom abriu suas asas de dragão e voou, e Cristão não o viu mais. Nesse combate, homem nenhum jamais poderia imaginar, a menos que tivesse ele mesmo visto e ouvido como eu, quão Apoliom berrava e rugia durante toda a luta. Agia como um dragão e, do outro lado, quantos não foram os suspiros e gemidos que brotavam do peito de Cristão! Durante toda a luta, não notei em seu rosto nenhum olhar agradável, senão ao perceber que ferira Apoliom com sua espada de dois gumes. Então afinal sorriu e ergueu os olhos, mas foi a visão mais apavorante que jamais vi.

Quando a batalha terminou, Cristão falou:

— Dou graças aqui àquele que me libertou da boca do leão (2 Timóteo 4:17), àquele que me ajudou com Apoliom. E disse mais:

> *Belzebu, chefe e rei demônio,*
> *Planejou minha derrota para esse fim medonho.*
> *Bem preparado e com fúria infernal,*
> *Contra mim se atirou com todo mal.*
> *Miguel me socorreu,*
> *E pela espada o demônio se rendeu.*
> *A ele eu agradeço infindavelmente,*
> *E sempre bendigo seu nome benevolente.*

Então surgiu uma mão misteriosa que trazia algumas folhas da Árvore da Vida. Cristão aceitou e com elas tratou as feridas, e imediatamente curou-se. E se sentou para comer do pão e beber do vinho que recebera pouco antes. Retomou a jornada, com a espada na mão, dizendo:

— Talvez outro inimigo esteja por perto.

Mas não enfrentou nenhum outro ataque de Apoliom em todo o vale.

Cristão precisava atravessar o Vale da Sombra da Morte, pois o caminho rumo à Cidade Celestial passava por ali. É um lugar bastante desolado, e o profeta Jeremias assim o descreve: "Um deserto, uma terra árida e cheia de covas, terra de seca e de trevas, terra pela qual ninguém, senão um cristão, passa, e onde ninguém vive" (Jeremias 2:6). Cristão sofreu ali provação pior do que sua batalha contra Apoliom.

JOHN BUNYAN

Vi no meu sonho que, ao chegar à fronteira da Sombra da Morte, Cristão encontrou dois homens, filhos daqueles que deram um relato negativo da boa terra (Números 13:32), apressando-se em voltar. Cristão perguntou:

— Aonde vão?

— Estamos voltando, e é bom que trate de fazer o mesmo, se é que você preza a vida ou a paz.

— Qual o problema?

— Seguíamos pelo mesmo caminho que você, e fomos até aonde foi possível. Quase não pudemos retornar, se avançássemos um pouco mais, não estaríamos aqui para compartilhar estas notícias.

— O que encontraram?

— Estávamos quase no Vale da Sombra da Morte, quando vimos o perigo antes que tivéssemos de enfrentá-lo.

— Mas o que foi que viram?

— O vale é escuro como o breu. Vimos os diabretes, sátiros e dragões do abismo. Percebemos que lá de dentro vinha um ruído de uivos e berros, como de gente padecendo, vivendo em aflições. Acima, pairam as chamadas nuvens da Confusão. A morte também abre as asas sobre ele. Resumindo, em toda parte vimos coisas apavorantes, reina o caos completo.

— Mesmo com tudo isso que vocês me dizem, acho que é este o meu caminho rumo ao refúgio almejado.

— Siga então o seu caminho.

E se despediram. Cristão seguiu seu caminho, a espada ainda à mão, pois temia ser atacado.

Vi em meu sonho que, até onde se estendia o vale, havia à direita um fosso profundo, aquele para o qual os cegos conduzem os

JOHN BUNYAN

cegos em todas as eras, todos eles perecendo. E à esquerda tinha um pântano muito perigoso, no qual, se um homem cair, não acha apoio para se pôr de pé. Nesse pântano, o próprio rei Davi caiu uma vez, e sem dúvida nenhuma teria ali se afogado, não houvesse sido resgatado pelo Poderoso. O caminho era extremamente estreito, e o bom Cristão tinha de se ater a ele, pois, quando nas trevas buscava evitar o fosso de um lado, quase mergulhava no lamaçal do outro, e enquanto procurava escapar do lamaçal, se não tomasse cuidado, cairia no fosso. Ouvi que ele suspirava muito; pois a trilha era tão escura que muitas vezes, quando erguia o pé para dar um passo, não sabia onde ou sobre o que pisaria. No meio do vale, percebi abrir-se a própria boca do inferno, enquanto as margens do caminho continuavam acidentadas. Pensou Cristão: "Que hei de fazer?" E as chamas e a fumaça brotavam do abismo em demasia, com centelhas e sons horripilantes, coisas insensíveis à espada de Cristão, ao contrário de Apoliom, tanto que se viu forçado a embainhar a espada e usar outra arma, chamada de oração (Efésios 6:18). Então clamou, e o clamor assim chegou aos meus ouvidos:

— Ó Senhor, eu suplico, livra a minha alma! (Salmos 116:4).

As chamas se aproximavam dele cada vez mais; ouvia vozes agonizantes, pensava que seria destruído. Tinha a impressão de ouvir um grupo de demônios; pensava na ideia de voltar. Lembrava que havia vencido muitos perigos, e que o risco de voltar talvez fosse muito maior do que o de avançar. Os demônios pareciam se aproximar cada vez mais, mas quando já estavam quase sobre ele, clamou:

— Andarei na força do Senhor Deus.

E eles recuaram. Notei que Cristão estava tão confuso que reconhecia a própria voz e, quando chegou diante da boca do abismo ardente, um dos malignos ficou atrás dele e de modo sutil se aproximou, sugerindo-lhe aos sussurros muitas blasfêmias, que ele julgou terem nascido de seus próprios pensamentos. Isso pertur-

O PEREGRINO

bou mais Cristão do que tudo que enfrentara até aquele momento, chegando mesmo a pensar que deveria blasfemar contra aquele que tanto amara antes. Se pudesse, porém, evitá-lo, não o faria, mas não teve sensatez para tapar os ouvidos nem para entender de onde vinham essas blasfêmias. Depois de andar por muito tempo nessa situação, pensou ouvir a voz de um homem, que dizia: "Embora ande pelo Vale da Sombra da Morte, não temeria mal nenhum, pois tu estás comigo" (Salmos 23:4). Então se animou por três motivos. Primeiro, percebeu que alguns que temiam a Deus estavam também nesse vale. Segundo, sentia que Deus estava com eles, mesmo naquela situação sombria: "E por que não há de estar comigo", pensou ele, "embora eu não o perceba por causa dos obstáculos que encontrei nesse lugar". Terceiro, porque esperava ter companhia em breve. Por isso seguiu adiante, e chamou o que estava à sua frente, mas este não sabia o que responder.

E assim que raiou o dia, Cristão disse:

— Ele transforma a sombra da morte em manhã (Amós 5:8).

Olhou para trás, sem vontade de voltar, mas para ver à luz do dia os perigos que enfrentara sob trevas. Viu com nitidez o fosso de um lado e o lodaçal do outro; também viu como era estreito o caminho que passava entre os dois; viu os diabretes, sátiros e dragões do abismo; mas todos distantes, pois após o alvorecer eles não se aproximavam. Entretanto, a Ele se revelaram, segundo o que está escrito: "Revela coisas profundas das trevas, e traz à luz densas sombras" (Jó 12:22). Cristão ficou muito impressionado com o livramento de todos os perigos desse caminho, perigos esses que, embora antes temesse muito, agora via claramente, com a luz do dia. Cristão enfrentou a primeira parte do Vale da Sombra da Morte, que era muito perigosa, mas não imaginava que a segunda parte que ele tinha agora pela frente era muito mais arriscada. Do lugar onde estava até o final do vale, o caminho era tão

JOHN BUNYAN

cheio de ciladas, armadilhas, abismos, buracos e desfiladeiros que, se estivesse agora escuro tanto quanto durante a primeira parte do caminho, mesmo que tivesse mil almas, todas elas certamente pereceriam. Mas, o sol acabava de nascer e Cristão exclamou:

— Sua vela brilhou sobre minha cabeça, e com a sua luz eu ando em meio às trevas! Foi sob luz, portanto, que chegou ao final do vale.

Agora eu via no meu sonho que, no final do vale, estavam ossos, sangue, cinzas e corpos dilacerados de peregrinos que por ali haviam passado. Enquanto eu cogitava qual seria a razão disso, avistei uma caverna, onde dois gigantes, Papa e Pagão, habitaram no passado. Fora pelo poder e pela tirania deles que esses homens, cujos ossos, sangue e cinzas jaziam ali, acabaram mortos. Cristão passou por esse lugar, sem muito risco. Soube depois que Pagão estava morto havia muito tempo, e quanto ao outro, embora ainda vivo, por causa da idade avançada e também dos muitos combates que enfrentara quando jovem, estava tão louco e doente que ficava apenas sentado na entrada da caverna, zombando dos peregrinos que passavam, pois não conseguia se aproximar deles. Vi, portanto, que Cristão seguia o seu caminho, embora ao ver o Velho sentado à entrada da caverna não soubesse o que pensar, pois este, mesmo sem poder alcançá-lo, falou:

— Não vão mudar, não é, até que outros mais forem queimados vivos.

Mas Cristão seguiu quieto, ensaiou um semblante tranquilo e afastou-se dali são e salvo. Depois recitou:

Ó mundo admirável!
Eu deveria ser preservado desse penar,
Que eu encontrei ao peregrinar!
Ó abençoada seja de fato,

O PEREGRINO

Essa mão que me salvou desse ato!
Dos demônios, do inferno, do pecado e dos perigos na
escuridão,
Enquanto eu estiver nesse vale me livra e me dê a mão.
Eu vivo, e é a Jesus que devo a glória.

Cristão continuou seguindo seu caminho e encontrou uma subida, que fora posta ali de propósito, para que os peregrinos pudessem enxergar o que os esperava adiante. Ele subiu, avistou Fiel e gritou:

— Espere por mim e você terá companhia!

Fiel olhou para trás e Cristão novamente gritou:

— Espere aí, espere até eu alcançar você!

— Minha vida corre perigo e o vingador de sangue está atrás de mim.

Cristão se esforçou e rapidamente o alcançou. Na verdade, chegou até a ultrapassá-lo, de modo que o último era agora o primeiro. Achou engraçado por ter conseguido tomar a dianteira ao seu irmão; mas sem olhar onde pisava, tropeçou e caiu, e não conseguiu se levantar enquanto Fiel não chegou para ajudá-lo. Vi depois em meu sonho que seguiram os dois juntos, demonstrando muito carinho um pelo outro, e conversando sobre todas as coisas que aconteceram durante a peregrinação. Cristão começou:

— Honrado e amado irmão Fiel, fico contente por tê-lo alcançado, e por ter Deus abrandado de tal modo nosso espírito, de modo que agora podemos seguir como companheiros por caminho tão prazeroso.

— Pensei, caro amigo, que teria a sua companhia já desde a saída da nossa cidade, mas, na verdade, você partiu antes de mim; por isso percorri todo esse caminho sozinho.

O PEREGRINO

— Quanto tempo você ficou na Cidade da Destruição antes de sair em peregrinação?

— Até não suportar mais, pois depois de sua partida só se falava que nossa cidade, breve, seria arrasada pelo fogo vindo do céu.

— Seus vizinhos é que falavam isso?

— Por algum tempo todo mundo só falou nisso.

— E só você saiu para fugir do perigo?

— Embora, como já disse, muito se falasse sobre o assunto, não acho que eles acreditassem nisso. Pois no calor da discussão, ouvi alguns zombando de você e da sua viagem desesperada, saiba que era assim que chamavam a sua peregrinação. Eu acredito que o fim de nossa cidade será com o fogo e o enxofre lá de cima, então resolvi fugir.

— Ouviu algo sobre o meu vizinho Inconstante?

— Ouvi dizer que ele seguiu você até o Pântano do Desânimo, onde, alguns comentaram, acabou caindo. Só que ele não queria que soubessem do acontecido. Tenho certeza de que ficou emporcalhado com aquela sujeira toda.

— O que os vizinhos disseram para ele?

— Quando ele voltou foi alvo de muita zombaria. Alguns ainda desdenham dele, e poucos lhe ofereceram trabalho.

— Mas por que todos se viraram contra ele, se também desprezam o caminho que ele abandonou?

— O povo diz: "Enforquem-no, pois ele não foi fiel a sua convicção". Acho que Deus chegou mesmo a estimular os inimigos que o vaiassem, para fazer dele um exemplo, por ter abandonado o caminho.

— Você conversou com ele antes de partir?

— Cheguei a vê-lo uma vez e me olhou de longe, como quem está envergonhado do que fez.

— Tinha esperança nesse homem, mas acho que vai perecer na destruição da cidade, pois conforme o sábio provérbio: "o cão voltou ao seu próprio vômito; e a porca lavada voltou a revolver-se no lamaçal" (2 Pedro 2:22).

— Também tenho os mesmos temores em relação a ele. Mas quem pode evitar o que deve acontecer?

— Melhor esquecê-lo e falar de coisas mais urgentes para nós. Com o que você deparou no caminho até aqui?

— Escapei do pântano, pois vi você cair ali, encontrei uma mulher chamada Libertina, que procurava alguma forma de me prejudicar.

— Fico feliz que tenha escapado de sua rede. José sofreu muito nas mãos dela, mas escapou como você; mas quase lhe custou a vida. Mas o que ela lhe fez?

— Você não pode imaginar como a língua dessa mulher é sedutora. Ela insistiu muito comigo para que eu a acompanhasse, prometendo-me todos os prazeres.

— Com certeza ela não lhe prometeu o prazer da boa consciência.

— Você sabe o que eu quero dizer: todo prazer carnal e mundano.

— Graças a Deus você escapou dela. Os odiosos aos olhos do Senhor cairão na vala dessa mulher.

— Não, não sei se realmente escapei dela.

— Por quê?

— Não, não me corrompi, pois me lembrei de um texto antigo que havia lido, que diz: "Os seus pés descem para a morte; os seus passos conduzem diretamente para a sepultura" (Provérbios 5:5).

Então fechei os olhos, pois não queria me deixar enfeitiçar por seus olhares. Ela me insultou, mas segui meu caminho.

— Sofreu algum outro ataque pelo caminho?

— Chegando ao sopé do morro chamado Dificuldade, encontrei um homem idoso, que me perguntou quem eu era e para onde ia. Eu lhe disse que era um peregrino que seguia rumo à Cidade Celestial. O velho me disse: "Você parece ser um homem honesto. Será que ficaria comigo, pelo salário que lhe pagarei?" Perguntei então seu nome e onde ele morava. Respondeu-me que se chamava Adão, o Primeiro, e que morava na cidade do Engano. Eu lhe perguntei sobre o trabalho e que salário pagaria. Ele respondeu que eram muitos prazeres e que, como salário, eu afinal seria o seu herdeiro. — Perguntei ainda — continuou Fiel — o que havia em sua casa e que outros servos ele possuía. Ele me contou que em sua casa tinha todos os deleites do mundo, e que seus servos eram os que ele mesmo gerava. Perguntei quantos filhos tinha. Disse-me que só tinha três filhas: Cobiça da Carne, Cobiça dos Olhos e Ostentação dos Bens (1 João 2:16) e que eu poderia me casar com todas elas, se quisesse. Perguntei-lhe quanto tempo gostaria que eu morasse com ele. Respondeu-me: enquanto ele vivesse.

— A qual a conclusão chegaram você e o velho?

— Eu me senti tentado a acompanhar o homem, pois achei que falava belas palavras, mas reparando em sua testa enquanto conversava com ele, li a seguinte frase: "Dispa-se do velho homem com os seus feitos" (Colossenses 3:9).

— E então?

— Então pensei que, apesar de tudo o que me disse e prometeu, quando me alojasse na sua casa, me venderia como escravo. Pedi que não me dissesse mais nada, pois não me aproximaria da porta de sua casa. Ele me injuriou e me disse que enviaria atrás de mim

JOHN BUNYAN

alguém que tornaria o meu caminho infeliz para a alma. Quando me afastei dele, senti que me agarrava, dando-me um puxão tão forte que pensei que havia arrancado um pedaço de mim. Isso me fez dizer: "Ó homem desprezível!" Então segui o meu caminho morro acima. Já havia subido a metade da encosta, quando olhei para trás e vi alguém me seguindo, rápido como o vento, e ele me alcançou bem no lugar onde fica o banco.

— Foi bem onde eu me sentei para descansar, mas o sono me venceu. Ali perdi este pergaminho que trago junto ao peito.

— Quando o homem me alcançou, senti uma forte pancada, que me derrubou no chão, e ali fiquei como morto. Quando eu voltava a mim, ainda tonto, perguntei por que fizera aquilo. Disse que era por causa de minha secreta atração por Adão, o Primeiro, e dizendo isso, golpeou-me no peito, estirando-me no chão, de costas. Assim, fiquei ali caído aos pés dele, como morto, e, quando acordei, clamei misericórdia. Ele, porém, disse: "Não sei o que é misericórdia". E de novo me atingiu. Com certeza teria me matado, mas alguém chegou e mandou que ele parasse.

— Quem mandou que ele parasse?

— Não o reconheci de início, mas vi as cicatrizes em suas mãos e no flanco e concluí que era nosso Senhor. Então me levantei e subi o resto da encosta.

— O homem que o golpeou era Moisés. Ele não poupa ninguém, e tampouco sabe demonstrar misericórdia para com aqueles que violam a sua lei.

— Não foi a primeira vez que me encontrei com ele. Foi ele quem me procurou, quando eu ainda morava na segurança do lar, e me disse que queimaria minha casa sobre a minha cabeça se eu lá permanecesse.

O PEREGRINO

— Mas você viu a casa que fica lá no cume do morro, do lado em que Moisés o alcançou?

— Sim, e vi também os leões antes de chegar até lá. Acho que estavam dormindo, pois era por volta do meio-dia, e como tinha ainda boa parte do dia pela frente, passei pelo porteiro e desci o morro.

— Ele me disse que o viu passar, que pena que você não visitou a casa, pois eles teriam mostrado tantas raridades inesquecíveis. Você encontrou alguém no Vale da Humildade?

— Sim, encontrei com Descontente, que tentou me convencer a voltar com ele, dizendo que o vale não tinha nenhuma honra, e que passar ali era desobedecer a todos os meus amigos: Orgulho, Arrogância, Presunção, Glória Secular e outros.

— O que você lhe respondeu?

— Eu disse que todos esses que ele mencionara eram meus parentes segundo a carne, mas eles tinham me rejeitado desde que eu me tornara peregrino, assim como eu também os rejeitava, portanto eles para mim eram como se jamais tivessem sido do meu sangue. Quanto ao vale, disse que ele estava equivocado e expliquei que, diante da honra vai a humildade, e a altivez do espírito precede a queda (Provérbios 16:18; 18:12). Portanto eu disse que preferia atravessar o vale rumo à honra prometida pelo mais sábio a escolher aquilo que Descontente estimava ser mais digno do nosso afeto.

— Você encontrou algo mais naquele vale?

— Encontrei, ainda, Vergonha. De todos que encontrei em minha peregrinação, ela é a única que tem o nome errado. Vergonha, cínica que era, simplesmente não parava de falar.

— E o que ela lhe falou?

JOHN BUNYAN

— Questionou a própria religião. Disse que para o homem era desprezível preocupar-se com religião. Falou que ter consciência era algo lamentável, e que vigiar as palavras e os caminhos para se abster da intimidadora liberdade com que se acostumam os espíritos mais intrépidos da época era tornar-se alvo de zombaria. Disse que poucos dos poderosos, ricos ou sábios, já concordaram com a minha opinião, e que nenhum deles o fez, senão quando se deixou convencer pela tolice, dispondo-se de livre e espontânea vontade, a arriscar perder tudo em troca de sabe-se lá o quê. Ridicularizou ainda o estado humilhante da maioria dos peregrinos, e também sua ignorância da época em que vivem e sua falta de compreensão de toda ciência natural. E discursou sobre outros assuntos que não menciono aqui; que era vergonha choramingar e lamentar-se diante de um sermão, e também voltar suspirando e gemendo para casa; que era vergonhoso pedir perdão ao próximo por pequenas faltas, ou restituir aquilo que tirou de alguma pessoa. Disse, ainda, que a religião faz o homem estranho aos nobres por uns poucos vícios, e o faz honrar e respeitar os desprezíveis, por causa da mesma fraternidade religiosa. "E não é isso uma vergonha?", perguntou ele.

— E o que você respondeu?

— Por um momento fiquei sem saber o que responder. Ela me deixou muito nervoso, e quase me dominou, mas depois, ponderei que aquilo que é elevado entre os homens é abominação diante de Deus (Lucas 16:15). E refleti: a tal Vergonha me diz o que são os homens, mas nada fala sobre quem é Deus e o que é a sua Palavra. E que no dia do juízo não seremos condenados à morte ou à vida conforme os espíritos intimidadores do mundo, mas conforme a sabedoria e a lei do Altíssimo. Sabendo que Deus prefere a sua religião e a boa consciência, que aqueles que se fazem loucos pelo Reino dos Céus são os mais sábios, e que o pobre que ama a

O PEREGRINO

Cristo é mais rico do que o maior dentre os homens que o odeiam, mandei Vergonha embora. Disse a ela: "Você é inimiga da minha salvação. Devo lhe dar guarida contra a vontade do meu Senhor soberano? Como eu poderia olhar nos olhos d'Ele? Se agora me envergonho de seus caminhos e servos, como posso esperar a bênção?". Na verdade, Vergonha era uma vilã audaciosa. Quase não consegui afastá-la de mim, pois ele me assombrava e sussurrava nos ouvidos uma ou outra das enfermidades que acometem a religião. Afinal eu lhe disse que em vão tentava me convencer, pois nas coisas que ela desdenhava, nelas eu via a maior glória. E assim, finalmente, me livrei dela. Após afastá-la de mim, cantei:

> *As provações que encontra o homem leal,*
> *Fiel ao chamado celestial.*
> *São muitas e carnais,*
> *E são sempre atuais.*
> *Agora ou talvez lá no futuro distante,*
> *Seremos vencidos ou expulsos adiante.*
> *Aos peregrinos: prestem atenção,*
> *E a si mesmos renunciem, bravos que são.*

— Você resistiu a essa vilã com muita coragem, pois dentre todos, como você já disse, acho que ela tem o nome errado. Ela é atrevida tentando nos cobrir de vergonha perante todos os homens, ou seja, tenta nos deixar envergonhados do que é bom. Então, devemos resistir a ela, apesar de todas as suas intimidações, ela exalta os loucos. Os sábios herdarão a glória, disse Salomão, mas a vergonha será a exaltação dos loucos (Provérbios 3:35).

— Devemos suplicar auxílio contra a vergonha àquele que nos quer valentes pela verdade na terra — ponderou Fiel.

— Encontrou alguém mais naquele vale?

— Não, pois o sol me acompanhou durante todo o resto da travessia desse vale, como também do Vale da Sombra da Morte.

— Vou contar o que encontrei naquele vale. Logo que entrei, tive um terrível combate contra um demônio chamado Apoliom. Cheguei mesmo a pensar que ele me mataria, especialmente quando me derrubou e me esmagou contra o chão, pois quando me atingiu, a minha espada voou. Ele já tinha como certa a minha morte. No entanto, supliquei a Deus, que me ouviu e me libertou de todas as minhas aflições. Depois entrei no Vale da Sombra da Morte, avançando sem luz durante quase metade do caminho. Pensei diversas vezes que ali morreria, mas afinal o dia rompeu, o sol surgiu, e o restante do caminho foi descomplicado e tranquilo.

Vi no meu sonho que, enquanto os dois caminhavam, Fiel avistou um homem chamado Tagarela. Era um homem alto e sua aparência era melhor à distância do que de perto.

Fiel falou:

— Você está indo para a Cidade Celestial?

— Sim, é para lá que eu vou.

— Então esperamos contar com a sua boa companhia.

— É de muito bom grado que serei companheiro de vocês.

— Vamos seguir juntos, aproveitando o tempo para conversar sobre assuntos proveitosos.

— Alegro-me de ter encontrado gente que gosta de coisas boas. Pois, para falar a verdade, poucos são aqueles que se dedicam a passar o tempo assim, uma vez que a maioria prefere falar de coisas vãs e isso tem sido um tormento para mim.

— Devemos lamentar, pois que coisas tão dignas do uso da língua há na Terra como as coisas do Deus dos céus!

O PEREGRINO

— Gostei de você, pois vejo que tem convicção, e que pode haver de mais agradável e proveitoso do que falar das coisas de Deus? Por exemplo, se o homem se deleita em falar da história ou do mistério das coisas, ou se gosta de falar de milagres, prodígios ou sinais, onde encontrará registro tão aprazível, e tão lindamente escrito, senão nas Escrituras Sagradas?

— Isso é verdade, e tirar proveito dessas coisas na nossa conversa é justamente o que queremos.

— Falar sobre isso é muito proveitoso, já que ao fazê-lo o homem pode ter conhecimento de muitos assuntos, como da vaidade e do benefício das coisas de cima. Na verdade, porém mais especificamente por meio disso, o homem pode aprender a necessidade do novo nascimento, a insuficiência de nossas obras, a necessidade da justiça de Cristo.

— Além disso — ainda falava Tagarela —, por meio das conversas, o homem pode entender o que é arrepender-se, crer, orar e sofrer, entre outras coisas. Ainda pela conversa, o homem pode conhecer as grandes promessas e consolações do Evangelho, para o seu bem-estar. E mais, por meio disso, o homem pode aprender a evitar falsas opiniões, a defender a verdade e também a educar o ignorante.

— Tudo isso é verdade, e me alegro de ouvir de você essas coisas.

— A falta disso é o motivo pelo qual tão poucos compreendem a necessidade da fé e da obra da graça para alcançar a vida eterna. Quando esquecem esse fato, vivem nas obras da lei, pelas quais o homem não pode alcançar o Reino dos Céus.

— Mas, com a sua licença, o conhecimento celestial dessas coisas é dom de Deus. Homem nenhum as alcança por ação humanitária ou meramente por falar delas — disse Fiel.

JOHN BUNYAN

— Eu sei muito bem, pois o homem nada pode receber, a menos que seja dado do céu. Tudo vêm da graça, não das obras. Eu poderia citar cem passagens bíblicas que confirmam isso.

— Mas em que tema iremos agora conduzir a nossa conversa?

— No que você quiser. Eu falaria de coisas celestes ou terrenas, coisas morais ou evangélicas, coisas sagradas ou profanas, coisas passadas ou futuras, coisas estranhas ou comuns, coisas essenciais ou circunstanciais, contanto que seja uma conversa proveitosa.

Fiel se admirou e, aproximando-se de Cristão, pois este caminhava afastado dos dois, disse-lhe baixinho:

— Que companheiro magnífico encontramos! Certamente esse homem dará um excelente peregrino.

Cristão sorriu diante disso, dizendo:

— Esse homem de quem tanto você se admira enganará com a língua vinte pessoas que não o conheçam.

— Então você o conhece?

— Sim, e ainda melhor do que ele mesmo se conhece.

— Conte-me, então, quem é ele.

— Seu nome é Tagarela. Morava na nossa cidade.

— É filho de quem? E onde morava?

— É filho de Bem Falar e morava na rua da Parola. Todos os que o conhecem lá na rua da Parola o chamam de Tagarela, e apesar da sua língua de trapo, não passa de um coitado.

— Ele me parece um homem muito distinto.

— Isso acontece àqueles que ainda não o conhecem, pois ele é melhor de longe; de perto é insuportável. Isso de você dizer que ele é um homem distinto me faz lembrar o que já observei na obra

90

O PEREGRINO

do pintor cujos quadros parecem bons de longe, mas que de perto são decepcionantes.

— Acredito que você está apenas brincando — disse Fiel.

— Não brinco de acusar alguém falsamente. Esse homem gosta de qualquer companhia e de qualquer conversa; assim como conversou agora com você, também conversa nas tavernas. A religião não tem lugar em seu coração, nem em sua casa, nem em sua conduta. Tudo o que ele tem reside na língua, e sua religião é apenas fazer ruídos com ela.

— Então estou enganado a respeito desse homem.

— Pode ter certeza. Lembre-se do provérbio: "Eles dizem e não fazem"; mas "o Reino de Deus consiste não em palavras, mas em poder" (Mateus 23:3; 1 Coríntios 4:20). Ele fala de oração, de arrependimento, de fé e do novo nascimento, mas nada sabe senão falar disso. Conheci a sua família e o observei em casa e na rua, e o que digo dele é verdade. Sua casa é vazia de religião. Não há ali nem oração nem sinal de arrependimento do pecado. Ele é a nódoa, a vergonha da religião para todos os que o conhecem. Dificilmente se ouvirá um elogio a ele em toda a região da cidade onde mora. Assim diz a gente comum que o conhece: "santo na rua e diabo em casa". Sua família sabe disso. É tão insolente com os seus servos que eles nem sabem o que fazer ou dizer.

E Cristão continuou:

— Homens que têm alguma relação com ele dizem que é preferível lidar com os ateus, pois aqueles serão mais justos do que ele. Ele cria os filhos para que sigam seus passos e, se encontra em um deles uma timidez, o chama de tolo e cabeça-dura, e de modo nenhum arruma trabalho nem fala dele elogiosamente diante dos outros. De minha parte, sou de opinião de que ele, por meio da sua vida ímpia, fez muitos tropeçarem e caírem, e se Deus não o impedir, será ainda a ruína de muitos.

— Acredito em você, não só porque você diz que o conhece, mas também porque é como cristão que retrata as pessoas. Não posso acreditar que você diz essas coisas por mal, mas sim porque é verdade.

— Se não o conhecesse, talvez tivesse a mesma impressão que você. E se essa descrição viesse de inimigos da religião, eu não acreditaria. Os homens bons se envergonham dele. Não podem chamá-lo nem irmão nem amigo.

— Acho que dizer e fazer são coisas diferentes, e de agora em diante é melhor que eu note essa diferença.

— De fato são duas coisas distintas, e tão diversas quanto a alma e o corpo. Pois assim como o corpo sem a alma não passa de carcaça morta, também o falar vazio não passa de carcaça sem vida. A alma da religião é a prática: "A religião que Deus, o nosso Pai, aceita como pura e imaculada é esta: cuidar dos órfãos e das viúvas em suas dificuldades e não se deixar corromper pelo mundo" (Tiago 1:27). Tagarela não entende isso; ele acha que ouvir e falar fazem um bom cristão e assim engana a própria alma. Ouvir é somente a semeadura; falar não é suficiente para provar que o fruto está no coração e na vida. No dia do juízo os homens serão julgados segundo os seus frutos, pois ninguém irá perguntar: "Vocês acreditaram?", mas "Vocês foram praticantes ou apenas faladores?". E dessa forma serão julgados. O fim do mundo se compara a nossa colheita, e você sabe que os homens na ceifa só consideram o fruto; nada se pode aceitar que não seja da fé. Falo isso para lhe mostrar como a confissão de Tagarela não terá importância naquele dia.

O PEREGRINO

— Lembro de Moisés, quando ele determina as características do animal puro. Puro é o animal que tem casco fendido e rumina, não o que tem somente casco fendido ou o que somente rumina. A lebre rumina, mas é mesmo assim impura, pois não tem casco fendido. E isso faz lembrar Tagarela; ele rumina, busca o conhecimento, rumina sobre a Palavra, mas não tem o casco fendido, não se afasta do caminho dos pecadores, pois, como a lebre, tem pé de cão ou urso, e, então é impuro.

— Esse é o verdadeiro sentido evangélico desses textos. Paulo chama os grandes faladores, de "sino que ressoa" e "prato que retine", ou seja, como ele expõe em outra passagem, "coisas inanimadas que produzem sons" (1 Coríntios 13:1-3). Coisas sem vida, isto é, sem a verdadeira fé e graça do Evangelho, coisas que jamais serão postas no Reino dos Céus entre os que são filhos da vida, embora o som das suas palavras seja como a língua ou a voz de um anjo.

— Não gostei tanto da companhia dele. O que faremos para nos livrar dele?

— Acate o meu conselho e faça como eu mando. Você verá que ele também logo estará cansado da sua companhia, a não ser que Deus toque o coração dele e o converta.

— O que você quer que eu faça?

— Converse com ele sobre o poder da religião, e pergunte se isso está enraizado no coração, na casa ou na conduta dele.

Então Fiel foi falar com Tagarela:

— Como estão as coisas?

— Muito bem, obrigado. Acho que deveríamos aproveitar o momento e conversar.

— Pois se é da sua vontade, comecemos já. Como a graça de Deus se revela no coração do homem?

JOHN BUNYAN

— Entendo que nossa conversa deve versar sobre o poder das coisas. Essa é uma pergunta muito boa. E aqui vai a minha resposta: primeiro, se a graça de Deus está no coração, lá ela provoca um grande clamor contra o pecado. Em segundo lugar...

— Espere, por favor; falaremos um argumento por vez. Acho que seria melhor dizer que ela se revela inclinando a alma a detestar o pecado.

— Que diferença há entre clamar contra e detestar o pecado?

— Existe uma grande diferença. O homem pode clamar contra o pecado ou a astúcia, mas não pode detestá-lo senão diante de uma antipatia contra ele. Já ouvi muitos clamarem contra o pecado no púlpito, pessoas que têm o pecado no peito, na casa e na conduta. A senhora de José clamou com voz bem alta, como se fosse uma santa, mas apesar disso, teria cometido com ele o pecado. Alguns clamam contra o pecado como a mãe grita com a filha no colo, chamando-a de malcriada, para logo em seguida beijá-la.

— Percebo que você espera a ocasião de me pegar em um erro.

— Pretendo apenas esclarecer as coisas. Mas qual é a segunda coisa pelo que você provaria a revelação da obra da graça no coração?

— O conhecimento dos mistérios do Evangelho.

— Esse sinal deveria ser o primeiro, mas primeiro ou último, é também falso. Pode-se alcançar conhecimento dos mistérios do Evangelho sem, no entanto, haver nenhuma obra da graça na alma, pois mesmo se o homem possui todo o conhecimento, ainda assim pode não ser nada, e não ser filho de Deus.

Fiel continuou:

— Quando Cristo disse: "Vocês entenderam todas estas coisas?" e os discípulos responderam: "Sim", ele acrescentou: "Felizes serão se as praticarem" (Mateus 13:51-52). Ele não dá valor ao conhecimento deles, mas à prática, pois há conhecimento alheio à ação: aquele que conhece a vontade do Mestre e não a põe em prática. O homem pode ter o mesmo conhecimento que um anjo, sem, no entanto, ser um cristão. Sendo assim, o seu sinal não é verdadeiro. Ter conhecimento é algo que agrada a faladores, mas é a prática que agrada a Deus. Não que o coração possa ser bom sem conhecimento, pois sem isso o coração nada é. Existem vários tipos de conhecimentos: o conhecimento que está fundamentado na especulação, e o conhecimento acompanhado da graça da fé e do amor, que leva o homem a praticar a vontade de Deus. O primeiro desses serve ao falador, mas, sem o segundo, o verdadeiro cristão não se contenta. "Dá-me entendimento, para que eu guarde a tua lei e a ela obedeça de todo o coração" (Salmos 119:34).

— Você novamente espera a ocasião de me surpreender em erro.

— Se é da sua vontade, proponha outro sinal de como essa obra da graça revela a sua presença.

— Não, pois acredito que não concordaremos.

— Então, permita-me propor um sinal.

— Você tem minha permissão.

— A obra da graça na alma é descoberta ou por aquele que a possui ou pelos que convivem com ela. Para aquele que a possui, ela se manifesta da seguinte maneira: ela dá a convicção do pecado, especialmente da impureza da sua natureza e do pecado de não crer, pelo qual ele será condenado, caso não encontre misericórdia na mão de Deus, pela fé em Jesus Cristo (João 16: 8). A visão e a percepção das coisas o fazem sentir tristeza e vergonha do pecado. Ele descobre, além do mais, revelado pelo Salvador do Mundo, a necessidade de estar com Ele pelo resto da vida, onde sentirá sede e fome às quais se fez a promessa. Segundo a força ou a fraqueza da sua fé no Salvador é a sua alegria e a sua paz,

JOHN BUNYAN

o seu amor e a sua santidade, como também o desejo de o conhecer e também de servi-lo neste mundo. Embora eu diga que isso assim se revela nele, não é comum alguém que esteja preparado a concluir que isso é obra da graça, pois suas corrupções e sua razão deformada levam a mente a avaliar equivocadamente a questão. Portanto, do possuidor dessa obra é exigido juízo para que possa concluir, com firmeza, que se trata da obra da graça. Aos outros revela-se da seguinte maneira: primeiro, por uma confissão experimental da sua fé em Cristo. Segundo, por uma vida de acordo com essa confissão, ou seja, vida de santidade: santidade no coração, santidade na família e santidade na conduta em geral. Isso lhe ensina a detestar, em segredo, o pecado e a si mesmo; ensina a eliminá-lo da sua família e a espalhar a santidade ao redor do mundo, não apenas por palavras, como faz o hipócrita ou o falador, mas pela submissão prática na fé e no amor ao poder da palavra. Posso fazer a segunda pergunta?

— Meu papel agora não é objetar, mas ouvir. Faça a segunda pergunta.

— Você experimentou a primeira parte da descrição da obra da graça? E sua vida e sua fala testemunham o mesmo? Ou sua teologia está na palavra ou na língua, e não na prática e na verdade? Caso esteja disposto a responder, nada mais diga senão o que saiba que o Deus lá do alto confirmará com um "amém", e também nada a não ser aquilo em que a sua consciência possa justificá-lo. Porque não é aprovado quem recomenda a si mesmo, e, sim, aquele a quem o Senhor recomenda (2 Coríntios 10:18).

Tagarela começou a se sentir envergonhado, mas replicou:

— Você agora fala de experiência, de consciência, de Deus e de apelos a Deus em busca de justificativa de seus argumentos. Confesso que não esperava esse tipo de discurso, nem estou disposto a responder suas perguntas, a menos que você tenha a tarefa de catequizar-me. Embora você até deva agir assim, eu posso me recusar a fazer de você o meu juiz. Por que me faz essas perguntas?

— Pensei que você estivesse disposto a conversar, e porque não sabia que você não fazia sequer ideia do assunto. Além do mais, para dizer a verdade, já ouvi falar de você. Ouvi que você é homem cuja religião se funda nas palavras, e que a sua conduta desmente a sua confissão. Dizem que você é uma nódoa entre os cristãos, e a sua conduta impiedosa piora a religião; que alguns já tropeçaram devido a seus caminhos perversos, e ainda muitos correm o risco de ser destruídos por sua causa. A sua religião anda de mãos dadas com a taverna, a cobiça, a impureza, a injúria, a mentira. Vale para você o provérbio que se diz de uma meretriz: assim como ela é vergonha para todas as mulheres, também você é vergonha para todos os crentes.

— Você acredita em tudo o que ouve, então só posso concluir que estou diante de um homem intolerante e melancólico, com quem é impossível conversar. Por isso eu digo adeus.

Cristão se aproximou e disse ao seu irmão:

— Eu lhe disse que isso aconteceria. Suas palavras não iriam jamais concordar com as paixões desse homem. Ele prefere abandonar a sua companhia a mudar a própria vida, e ele se foi, como eu previa. Deixe-o ir. Quem perde é ele mesmo. Tagarela nos poupou o trabalho de nos afastarmos dele, pois se ele mantivesse a mesma conduta, como suponho que faria, certamente seria um problema. Além disso, diz o apóstolo: "Afasta-te dessa gente" (1 Timóteo 6:5).

— Mas estou contente por ter conversado com ele. Quem sabe até venha a ponderar novamente a questão. Porém, fui sincero e, portanto, não me sentirei culpado, se ele vier a perecer.

— Você fez bem ao falar tão francamente com ele. Hoje é difícil encontrar quem aja em relação aos homens com tamanha fidelidade, e é isso que de fato torna a religião tão incompreensível para muitos. Pois são esses tolos tagarelas, cuja religião é só da boca para fora, gente debochada e vã em sua conduta, que mancham o cristianismo e entristecem os sinceros. Ele seria feliz se todos os homens o tratassem assim, como você o fez. Eles ou se ajustariam mais à religião ou a companhia dos santos seria demais para eles.

Então recitou Fiel:

Tagarela ostentou no início!
E insistia com um suplício!
Debochado era em vão!
Fiel então falou da obra do coração,
E ele minguou como no céu a Lua;
Assim como todo homem dissimulado recua.

Foram conversando sobre o que tinha acontecido pelo caminho, e o percurso tornou-se menos cansativo, pois, não fosse isso, sem dúvida seria enfadonho, já que atravessavam um deserto.

Quando quase chegavam ao final do deserto, Fiel avistou alguém que os seguia, e o reconheceu.

— Olhe! — disse Fiel ao seu irmão. — Veja quem vem lá.

Cristão olhou e disse:

— É o meu bom amigo, Evangelista.

— Ele também é um grande amigo meu — disse Fiel. — Foi ele quem me indicou o caminho até a porta.

Evangelista os alcançou, saudando-os:

— A paz esteja com vocês!

O PEREGRINO

— A visão de seu rosto me faz lembrar a sua bondade, o seu incansável esforço pelo meu bem-estar eterno.

— Como é agradável a sua companhia, amigo Evangelista!

— O que encontraram pelo caminho, meus bons amigos?

Cristão e Fiel contaram todas as coisas que aconteceram pelo caminho, e como e com que dificuldade tinham chegado àquele local.

— Fico feliz, não por vocês terem enfrentado provações, mas por terem se saído vitoriosos, e porque, apesar das muitas fraquezas, continuaram no caminho. Estou muito contente por vocês e por mim. Pois semeei e vocês colheram, e chegará o dia em que tanto o que semeou quanto os que colheram se alegrarão juntos. Isso quer dizer que, se vocês perseverarem e não desfalecerem, no tempo devido colherão (João 4:36; Gálatas 6:9). A coroa está diante de vocês e é incorruptível. Corram, portanto, para alcançá-la (1 Coríntios 9:24-27). Muitos partiram em busca dessa coroa, mas quando chegaram próximo a ela, outro veio e a tomou deles. Segurem o que vocês têm; não deixem que nenhum homem tome a sua coroa (Apocalipse 3:11). Vocês ainda não estão fora do alcance dos disparates do diabo. Na luta contra o pecado, ainda não resistiram até ao sangue. Conservem o Reino sempre diante de vocês, e creiam nas coisas invisíveis. Não deixem que as coisas deste mundo se enraízem em vocês, e observem bem o seu coração e as suas paixões, pois são enganadoras e perversas. Que seu rosto seja como a rocha. Vocês têm ao seu lado todo o poder no céu e na terra.

Cristão agradeceu-lhe a advertência, mas disse ainda que gostariam que ele falasse mais, para proveito deles, durante o resto do dia. Eles sabiam que Evangelista era profeta e poderia falar de coisas que talvez viessem a lhes acontecer, e de como poderiam superar essas coisas. Então Evangelista disse:

JOHN BUNYAN

— Vocês já ouviram nas palavras verdadeiras do Evangelho que é preciso passar por muitas amarguras para entrar no Reino dos Céus. E também que em cada cidade encontrarão muitas aflições. Estão quase no final deste deserto e, portanto, logo chegarão a uma cidade. Nela vocês serão atormentados pelos inimigos, que tentarão matá-los. Podem estar certos de que um de vocês, ou ambos, precisará selar o testemunho que sustentam com o próprio sangue. Sejam fiéis até a morte, que o Rei lhes dará a coroa da vida. Aquele que há de morrer ali — concluiu Evangelista — de morte não natural e provavelmente entre muitas dores, terá, porém, quinhão melhor que seu companheiro, não só porque chegará mais cedo à Cidade Celestial, mas porque será poupado de muitas aflições que o outro encontrará no restante da caminhada. Quando chegarem à cidade, e se cumprirem o que acabei de dizer, então lembrem-se desse seu amigo e procedam como homens, e não deixem de conservar a sua alma para Deus, seu fiel Criador.

Vi em meu sonho que, ao sair do deserto, os dois peregrinos logo viram à frente uma cidade, e seu nome era Vaidade. Lá existe uma feira chamada Feira das Vaidades, pois a cidade é mais frívola que a vaidade, e também porque tudo o que se vende ali ou que ali chega é vaidade. Como diz o sábio: "Tudo o que vem é vaidade". Essa feira é um negócio muito antigo. Quase cinco mil anos atrás já havia peregrinos caminhando rumo à Cidade Celestial. Belzebu, Apoliom e Legião, com seus companheiros, percebendo que o caminho dos peregrinos rumo à cidade sempre passava por esse local, planejaram estabelecer ali uma feira, em que se vendesse toda sorte de vaidades, e que durasse o ano inteiro. Nessa feira vende-se: casas, terras, negócios, lugares, honrarias, títulos, países, reinos, paixões, prazeres e deleites de toda espécie, como também meretrizes, cafetinas, esposas, maridos, filhos, senhores, servos, vidas, sangue, corpos, almas, pérolas, pedras preciosas, prata, ouro e muito mais. E, além disso, nessa feira você pode en-

O PEREGRINO

contrar: mágicas, jogos, brincadeiras, palhaços, ilusionistas. Ali também acontecem: assassinatos, furtos, adultérios, perjúrios, tudo bem tingido de vermelho-sangue. Há muitas vielas e ruas de nomes característicos, onde se vendem tais e quais mercadorias. Há, por exemplo, a rua Britânica, a viela Francesa, a via Italiana, a travessa Espanhola, a alameda Alemã, onde se vendem vários tipos de vaidade. Como em outras feiras, tem sempre um produto principal. Nessa, os artigos de Roma são muito divulgados. Apenas a nação inglesa, ao lado de algumas outras, tem repulsa pela agitação. O caminho até a Cidade Celestial passa por essa feira devassa, e aquele que vai à cidade, deve necessariamente passar por esse lugar, "sair do mundo" (1 Coríntios 5:10). O próprio Príncipe dos príncipes passou por essa cidade em rumo a sua própria terra. Acredito que foi Belzebu, líder da feira, que ofereceu vaidades para ele comprar. Se Cristo, ao passar pela cidade, tivesse adorado Belzebu, este o teria feito senhor da feira. Belzebu o levou de rua em rua, para mostrar todos os reinos do mundo para, se possível, incitar o Bem-aventurado a comprar algumas de suas vaidades, mas Ele não se interessou pelos artigos.

A feira é antiga, ampla e variada. Esses peregrinos precisavam atravessar a feira, e assim fizeram. Quando entraram, todas as pessoas lhes abriram caminho, formando um rebuliço em torno deles. Primeiro, os peregrinos trajavam vestes muito diferentes daquelas usadas por qualquer um dos que negociavam na feira. Por isso, as pessoas não tiravam os olhos deles. Alguns diziam que eram tolos, outros que eram lunáticos, outros ainda, bárbaros estrangeiros. Segundo, poucos conseguiam entender o que falavam. Eles naturalmente falavam a língua de Canaã, mas os que tocavam a feira eram homens deste mundo. Portanto, de um lado a outro da feira, pareciam bárbaros uns para os outros. Terceiro, e algo que não provocou a menor admiração nos mercadores, os peregrinos não se interessavam pelos artigos à venda; quando os chamavam

JOHN BUNYAN

para oferecer algum produto, os dois tapavam os ouvidos, dizendo: "Desvia os meus olhos para que não vejam a vaidade" (Salmos 119:37), e olhavam para o alto, sugerindo que seus negócios estavam lá no céu. Certo homem, observando o comportamento dos dois, disse: "O que vocês vão comprar?". Mas eles disseram: "Compramos a verdade" (Provérbios 23:23). Isso serviu de motivo para que desprezassem ainda mais os peregrinos. Alguns os ironizavam, outros os ridicularizavam, outros os repreendiam, e alguns convocavam pessoas para espancá-los. A situação se transformou em tumulto. Logo a notícia chegou ao líder da feira, que rapidamente desceu e designou alguns de seus homens mais fiéis para interrogar os dois homens. Os peregrinos, então, foram levados à corte. Os homens perguntaram de onde vinham, para onde iam e o que ali faziam trajando vestes tão estranhas. Os dois lhes disseram que eram peregrinos, e que seguiam para sua própria terra, que era a Jerusalém celeste, e não haviam dado nenhum motivo aos homens da cidade, nem aos mercadores, para tratá-los assim e impedir a sua jornada. Quando alguém perguntou o que comprariam, responderam que comprariam a verdade. Mas os que foram designados para interrogá-los acreditaram que eles eram lunáticos, ou que vieram à feira para instaurar a desordem. Assim os espancaram, e os emporcalharam de imundícies, jogando-os depois em uma cela, para que servissem de espetáculo para todo o povo da feira. Ficaram presos por algum tempo, e eram alvo de escárnio, malícia ou vingança de todos. E o líder da feira se divertia. Os homens, porém, foram pacientes, e não retribuíam insulto com insulto, mas, pelo contrário, abençoavam e retribuíam o mal com boas palavras, e as injúrias com bondade. Então, alguns homens da feira, menos preconceituosos do que os outros, passaram a repreender e censurar os mais vis pelas contínuas violências praticadas contra os peregrinos. Aqueles, porém, irritados, voltaram-se contra as

O PEREGRINO

repreensões e, acusando-os de cumplicidade, ameaçavam prendê-los junto com os peregrinos, fazendo-os passar pelos mesmos infortúnios. Os outros retrucaram dizendo que os dois homens estavam calados e sóbrios, e não queriam fazer mal a ninguém, pois na feira havia vários mercadores mais merecedores da punição. Após muita discussão entre os dois partidos, trocaram as palavras pela força bruta, e muitos saíram feridos. Então os dois peregrinos foram novamente levados à presença de seus interrogadores, acusados de provocar novo tumulto na feira. Foram cruelmente açoitados e, presos em grilhões, desfilaram pela feira como exemplo e terror para os outros, para que ninguém mais os defendesse nem se unisse a eles. Cristão e Fiel, no entanto, se comportaram ainda mais sabiamente, e aceitaram a vergonha com tanta paciência que conquistaram para a sua causa vários homens da feira. Isso enfureceu ainda mais o outro partido, que concluiu ser a morte dos dois a única saída. Assim, argumentaram que nem a cela nem os grilhões serviam mais e que mereciam a morte pela violência que provocaram e por terem iludido os homens da feira. Foram mandados de volta à cela, e ainda suportaram o suplício do tronco. Ali novamente se lembraram do que ouviram de seu fiel amigo Evangelista e sentiram-se ainda mais confirmados em seu caminho e em seus padecimentos por aquilo que lhes dissera que ocorreria. Também se consolavam um ao outro, ponderando que aquele cujo quinhão fosse a dor, esse teria a melhor recompensa; assim, cada um dos dois, secretamente, desejava ser o escolhido. Eles se colocavam à sábia graça daquele que rege todas as coisas, e, conformados, aceitavam o sofrimento, até que as coisas tomassem novo rumo. Então, no tempo oportuno, foram levados a julgamento para que fossem condenados. Foram apresentados perante seus inimigos e acusadores; o juiz se chamava Ódio-ao--bem. A acusação era essencialmente a mesma para os dois e, embora variasse ligeiramente na forma, o conteúdo era o seguinte:

JOHN BUNYAN

"Eram inimigos e perturbadores dos negócios. Haviam provocado tumulto e divisões na cidade, e arrebanharam um partido para suas perigosas opiniões, em desrespeito à lei do príncipe." Então Fiel pediu a palavra e disse que só se revoltou contra o que antes se revoltara contra o Sublime dos sublimes. E disse:

— Quanto aos distúrbios, não os provoquei, sendo eu homem de paz. O grupo que tomou nosso partido o fez por enxergar em nós a verdade e a inocência. Quanto ao rei de que os senhores falam, sendo ele Belzebu, inimigo de nosso Senhor, eu resisto a ele e a todos os seus seguidores.

Então convocaram à frente os homens escolhidos para testemunhar pelo senhor, o rei, contra o prisioneiro. Surgiram três testemunhas: Inveja, Superstição e Bajulação. As três foram interrogadas. Perguntaram se elas conheciam os prisioneiros e o que tinham a dizer a favor de seu senhor, o rei, e contra Fiel. Inveja logo se adiantou, dizendo:

— Meritíssimo, já conheço este homem há muito tempo e atesto sob juramento perante esta respeitada corte que ele é...

— Espere! — disse o juiz — antes, preste juramento. Então a fizeram jurar. E novamente a testemunha tomou a palavra:

— Meritíssimo, este homem, apesar de seu nome plausível, é um dos homens mais vis de nossa terra, pois não respeita príncipe nem povo, lei nem costume, mas faz tudo o que pode para conquistar todos os homens com suas ideias desleais, que ele acredita ser princípios de fé e santidade. Eu o ouvi afirmar que o cristianismo e os costumes da nossa cidade de Vaidade eram diametralmente opostos e não podiam se conciliar. Por essas palavras, meritíssimo, ele não apenas condena de uma só vez todos os nossos louváveis atos, mas também nos condena a nós, que os realizamos.

— Você tem algo mais a dizer? — indagou o juiz.

O PEREGRINO

— Meritíssimo, eu poderia dizer outras coisas, mas não quero entediar a corte. Mas, se necessário for, depois que os outros cavalheiros testemunharem, caso ainda falte algum elemento para condená-lo, poderei acrescentar outros fatos ao meu testemunho.

Em seguida, convocaram Superstição, e mandaram que olhasse para o prisioneiro. Perguntaram-lhe também o que poderia dizer pelo senhor seu rei contra o réu. Após prestar juramento, Superstição tomou a palavra:

— Meritíssimo, não tenho grande familiaridade com este homem, e longe de mim conhecê-lo mais a fundo. Trata-se de homem altamente pernicioso, coisa que deduzi da conversa que tive com ele nesta cidade. Ele disse que nossa religião era nada, que por meio dela homem nenhum poderia jamais agradar a Deus. Bem sabe o meritíssimo juiz que dessas palavras necessariamente se infere que adoramos em vão, que chafurdamos, portanto, no pecado e que, então, seremos condenados. É isso o que tenho a dizer.

Depois foi a vez de Bajulação prestar juramento.

— Já conheço este homem há muito tempo, e o ouvi falar coisas que não se devem falar. Ele injuriou nosso nobre príncipe Belzebu, e falou desdenhosamente de seus honrados amigos, cujos nomes são lorde Velho Homem, lorde Prazer Carnal, lorde Lascivo, lorde Desejo de Vanglória, meu velho lorde Luxúria, o barão Ganância e todos os outros nobres da corte. Ele disse ainda que se todos os homens aceitassem a sua opinião, e sugeriu que, nenhum desses nobres continuassem a viver nesta cidade. Além disso, ele não temeu sequer insultar o senhor, meritíssimo, hoje designado para ser seu juiz, chamando-o de impiedoso patife, além de muitos outros termos igualmente vergonhosos, com que difamou a maior parte da aristocracia da nossa cidade.

JOHN BUNYAN

Quando terminou o falso testemunho de Bajulação, o juiz dirigiu-se ao prisioneiro, dizendo:

— Desertor, profano e traidor! Você ouviu o testemunho dessas pessoas honestas contra você?

— Posso dizer algumas palavras em minha defesa?

— Calado! Você não merece morrer aqui mesmo no tribunal. Para que todos testemunhem nossa bondade para com você, porém, ouçamos o que tem a dizer.

— Em primeiro lugar, digo ao Sr. Inveja, que jamais disse nada mais do que isto: que qualquer regra, lei, costume ou povo nitidamente contrário à Palavra de Deus é oposto ao cristianismo. Se algo de errado falei sobre isso, peço que indiquem o meu erro, e aqui me prontifico perante os senhores a me retratar. Em segundo lugar, quanto ao Sr. Superstição e sua acusação contra mim, só tenho a dizer que na adoração de Deus é necessário a fé divina, mas não pode haver fé divina sem a divina revelação da vontade de Deus. Portanto, tudo o que se insere no culto a Deus que não esteja de acordo com a revelação divina não se pode fazer senão por fé humana, fé que nada valerá para a vida eterna. Em terceiro lugar, quanto ao que disse o Sr. Bajulação, afirmo que o príncipe desta cidade, junto com todo os seus seguidores, deveria estar no inferno. E que o Senhor tenha misericórdia de mim.

Então o juiz convocou o júri:

— Cavalheiros do júri, os senhores sabem que este homem provocou grande tumulto nesta cidade. Também ouviram o que esses respeitados senhores testemunharam contra ele; ouviram ainda sua resposta e confissão. Cabe agora a decisão de enforcá-lo ou salvar a sua vida.

Então o juiz disse:

O PEREGRINO

— Baixou-se um decreto nos dias de Faraó, o Grande, servo de nosso príncipe, determinando que, a fim de que os fiéis de uma religião contrária não se multiplicassem nem se fortalecessem, os homens da seita seriam atirados no rio. Baixou-se também um decreto nos tempos de Nabucodonosor, o Grande, outro de seus servos, determinando que todo aquele que não adorasse a sua estátua de ouro seria atirado em uma fornalha. Houve ainda outro decreto baixado nos dias de Dario, que determinava que todo aquele que, por algum tempo, invocasse qualquer deus que não o seu deveria ser lançado na cova dos leões. Esse rebelde violou essas leis, e não somente em pensamento, mas também em palavra e ato, o que não se deve tolerar. Quanto ao caso de Faraó, sua lei foi elaborada para evitar a má conduta. Temos um crime evidente. Quanto ao segundo e ao terceiro decretos, os senhores observaram que Fiel negou a nossa religião e, como confessou tal traição, merece morrer.

Então saíram os membros do júri, cujos nomes eram Cego, Injustiça, Malicioso, Lascívia, Libertino, Imprudência, Pretensioso, Malevolência, Mentiroso, Crueldade, Ódio-à-luz e Implacável. Cada um deles deu o seu veredicto privado contra o réu, e unanimemente decidiram considerá-lo culpado perante o juiz. E assim pronunciou-se Cego, o primeiro jurado:

— Vejo claramente que este homem é um profanador.

— Vamos eliminar esse homem — disse a Sra. Injustiça.

— Sim — concordou Malicioso.

— Eu não posso suportá-lo — falou Lascívia.

— Nem eu — acordou Libertino.

— Enforquem-no! — gritou a Sra. Imprudência.

— Mísero herege! — vociferou Pretensioso.

JOHN BUNYAN

— Meu coração palpita contra ele — falou a Sra. Malevolência.

— Blasfemador! — acusou Mentiroso.

— Enforcá-lo é bom demais para ele — pronunciou-se a Sra. Crueldade.

— Vamos tirá-lo do nosso caminho — sugeriu Ódio-à-luz.

Por fim, falou Implacável:

— Se todo o mundo fosse meu, ainda assim não me conciliaria com ele, sugiro que o condenemos à pena de morte.

Levaram-no para execução segundo a lei. Primeiro o açoitaram, depois o espancaram e o esfaquearam. Então o apedrejaram, o espetaram com espadas, por fim queimaram-no na fogueira, até virar cinzas. Foi esse o fim de Fiel.

Eu pude ver que por trás da multidão havia uma carruagem e um par de cavalos esperando por Fiel, e ele foi levado até lá e transportado pelas nuvens, ao toque de trombetas, até o Portão Celestial. Quanto a Cristão, foi mandado de volta à prisão, onde permaneceu por determinado tempo. Mas aquele que tudo governa, detendo nas mãos o poder de sua fúria, quis que Cristão aproveitasse a oportunidade para fugir, retomando seu caminho. E, caminhando, cantou:

> Bom Fiel, finalmente confessaste ao teu amado Senhor,
> Tu terás a bênção e louvor.
> Mas os infiéis e desprezíveis
> Lamentarão as dores invisíveis.
> Canta, Fiel, canta; e teu nome sobrepuja,
> Que depois da morte vem a vida efusiva.

Vi no meu sonho que Cristão não seguia sozinho, pois um homem de nome Esperançoso, assim chamado depois de observar Cristão e Fiel em suas palavras, em sua conduta e em seus pade-

O PEREGRINO

cimentos na feira, uniu-se a ele. Assim, um morreu para dar testemunho da verdade, mas outro nasceu de suas cinzas para servir de companheiro a Cristão. Esperançoso disse a Cristão que muitos outros homens da feira esperavam algum tempo para segui-los. E vi que, logo após deixarem a feira, alcançaram certo homem que saíra antes deles, chamado Interesse Próprio, a quem perguntaram:

— De que terras vem o senhor? E até onde pretende seguir neste caminho? — respondeu que vinha da cidade das Boas Palavras e seguia rumo à Cidade Celestial, mas não lhes disse o seu nome.

— E vive lá algum homem bom? — perguntou Cristão.

— Acho que sim.

— Qual o seu nome?

— Vocês não me conhecem, mas gostaria de tê-los como companhia; caso contrário, tenho que conformar-me.

— Essa cidade das Boas Palavras, já ouvi falar dela, dizem que é um lugar rico.

— É verdade, tenho lá muitos parentes ricos.

— Quem são seus parentes?

— Praticamente a cidade inteira; e em especial, Vira-Casaca, Transigente e Boas Palavras (de cujos antepassados a cidade herdou o nome). Também Capacho, Duas Caras e Qualquer Coisa. O vigário de nossa paróquia, Duas Línguas, era meio-irmão de minha mãe, por parte de pai. Meu avô não passava de um barqueiro que, olhando para um lado, remava para o outro. Eu mesmo conquistei a maior parte de meus bens com essa ocupação.

— É casado?

— Sim, e minha esposa é mulher muito virtuosa, filha também de mulher virtuosa. É filha da Sra. Dissimulada. A família dela é

109

muito honrada, e alcançou tal nível de educação que sabe se portar em todas as situações, tanto diante de um príncipe como de um camponês. No campo da religião divergimos um pouco dos mais rígidos, mas apenas em dois pontos menores: primeiro, jamais remamos contra o vento e a maré. Segundo, somos muito zelosos quando a religião calça as suas sandálias de prata. Gostamos de acompanhá-la pelas ruas, para ouvir os aplausos do povo.

Cristão foi falar com Esperançoso, dizendo:

— Parece-me que este homem é Interesse Próprio, de Boas Palavras, e se for mesmo ele, temos como companhia um trapaceiro.

— Acho que ele não deve ter vergonha do próprio nome.

Cristão foi falar novamente com ele e disse:

— Amigo, você fala como se soubesse algo mais do que todo mundo, e se não muito me engano, desconfio que sei quem é você. Seu nome não é Interesse Próprio, de Boas Palavras?

— Esse é um apelido que me deram alguns que não me toleram.

— Mas então você nunca deu motivo para que os homens o chamassem assim?

— Nunca. Talvez o motivo para essa alcunha é que sempre tenho a sorte de poder me ajustar aos costumes correntes, e o faço com maestria. Se, porém, as coisas assim se lançam sobre mim, que isso eu tenha como bênção, mas que os maliciosos não me censurem.

— Imaginei que você era o homem de quem já ouvira falar e, para lhe dizer o que penso, temo que seu apelido seja adequado.

— Tenho certeza de que você me achará um ótimo companheiro de viagem.

— Se decidir ir mesmo conosco, precisa seguir contra o vento e a maré, o que, percebo, vai contra as suas convicções. Precisará também aceitar a religião vestida de trapos, não só em suas sandálias de prata, e ainda ficar ao lado dela quando estiver oprimido, não só quando for aplaudido.

— Você não tem direito de me impor isso, nem dominar a minha fé. Não me negue a minha liberdade, mas me dê permissão para acompanhá-los.

— Só terá a nossa permissão se agir como proponho, como nós agimos.

— Nunca abandonarei os meus princípios, pois são inocentes e proveitosos. Se não puder acompanhá-los, vou continuar solitário, até que alguém se junte a mim.

Vi no meu sonho que Cristão e Esperançoso se afastaram dele, mantendo certa distância à frente. Porém um dos dois, olhando para trás, viu três homens seguindo Interesse Próprio. Quando o alcançaram, fez reverência diante dos homens. Chamavam-se Apego-ao-mundo, Amor-ao-dinheiro e Avareza. Interesse Próprio já conhecia esses homens, pois na infância foram colegas de escola, e tiveram como professor Apego, da cidade de Amor-ao-lucro, centro comercial do país da Cobiça, ao norte. Esse professor ensinou-lhes a arte de conquistar por violência, fraude, adulação, falsidade ou falsa religião, e esses quatro senhores muito aprenderam dessa arte com o seu mestre, tanto que cada um deles poderia, sozinho, abrir uma escola. Depois de se cumprimentarem, Amor-ao-dinheiro disse a Interesse Próprio:

— Quem são aqueles ali adiante?

— São dois homens de uma terra distante, que ao seu modo seguem em peregrinação.

— Por que não nos esperaram para que pudéssemos desfrutar de sua companhia, pois eles, como nós, são peregrinos?

JOHN BUNYAN

— Aqueles homens são muitos rígidos, amam tanto as suas convicções e não têm consideração pelas opiniões alheias. A não ser que os acompanhe em todas as coisas, eles logo se afastam.

— Sabemos que alguns são tão exageradamente justos que a sua rigidez os faz julgar e condenar a todos, menos a si mesmos. Mas sobre o que vocês divergiram?

— Eles concluíram que é dever de todos avançar sob qualquer adversidade, mas eu penso que o melhor é aguardar o vento e a maré certa. Eles não hesitam em arriscar tudo por Deus, mas eu prefiro tirar vantagem de tudo, a fim de garantir a minha vida e os meus bens. Eles defendem seus conceitos, mesmo que todos os outros homens sejam contrários, mas eu defendo uma religião conforme os interesses dos tempos e da minha própria segurança. Eles são pela religião, mesmo quando esta se apresenta vestida de trapos e desprezada, mas eu a defendo quando ela ostenta as suas sandálias de prata à luz do sol e sob aplausos.

— Então você faz muito bem, meu amigo Interesse Próprio. De minha parte só posso considerar esse homem um tolo, pois tendo a liberdade de conservar o que tem, é insensato a ponto de per-dê-lo. Sejamos prudentes como as serpentes; é melhor aproveitar as oportunidades. Você sabe que a vespa repousa durante todo o inverno, e só se mexe quando pode trabalhar com prazer. Deus às vezes manda a chuva e às vezes o sol — dizia Apego-ao-mundo.

— Se eles são tolos a ponto de sair debaixo de chuva, vamos então caminhando no tempo bom. Gosto mais da religião que se abriga na segurança das boas bênçãos de Deus sobre nós, pois se ele nos agracia com as boas coisas desta vida, quem é que, jul-gando-se regido pela razão, conceberia que Deus não quer que as conservemos e guardemos? Abraão e Salomão enriqueceram na religião. E Jó diz que o bom homem há de acumular ouro como

O PEREGRINO

pó. Então o bom homem não será como aqueles senhores que estão ali adiante.

— Nós concordamos nessa questão, portanto não precisamos mais falar sobre isso.

— Não é preciso falar mais sobre esse assunto, pois quem não crê nem na Sagrada Escritura nem na razão, tampouco conhece a sua própria liberdade, nem busca a sua própria segurança.

— Meus amigos, estamos todos em peregrinação e, para que nos desviemos das coisas más, proponho a seguinte questão: imaginem que um homem de negócios, um ministro, ou outro tenha a oportunidade de alcançar regalias nesta vida. Ele, porém, de modo algum pode tomá-las para si sem que, pelo menos na aparência, se faça zeloso em alguns pontos da religião pelos quais antes sequer se interessava. Ele não poderá ser um homem justo mesmo usando esse meio para alcançar o seu propósito?

— Entendo o fundamento de sua pergunta e gostaria de dar uma resposta. Primeiro pretendo responder a pergunta em relação a um ministro. Imagine um ministro, homem digno, que tenha uma renda bem pequena, mas que tenha em mente outra bem maior. Ele enxerga a oportunidade de consegui-la, mas para isso precisará ser mais esforçado, pregar com mais frequência e com mais zelo, e alterar alguns de seus princípios, conforme a índole do povo exigir. De minha parte, não vejo razão para que o homem não o faça, continuando a ser um homem honesto. Em primeiro lugar, é justo o desejo de uma renda maior, já que tal desejo está diante dele pela providência. Sendo assim, ele pode muito bem alcançá-la sem nenhuma dor na consciência. Em segundo lugar, esse seu desejo de uma renda melhor o torna mais esforçado, e, portanto, faz dele um homem melhor. Faz com que ele aperfeiçoe os seus talentos, o que está de acordo com a vontade de Deus. O terceiro ponto que se refere ao fato de ele ceder à índole de

JOHN BUNYAN

seu rebanho, abandonando alguns de seus princípios para melhor servir seu povo, é preciso notar que ele é homem de evidente desprendimento; de boa conduta; e, portanto, mais apto a exercer as funções do ministério. Já o quarto ponto, concluo que o ministro que troca uma renda pequena por outra maior não deve ser considerado ambicioso; pelo contrário, como por causa disso acaba aperfeiçoando os seus talentos e esforços, é melhor considerá-lo como alguém que segue a sua vocação, aproveitando a oportunidade de fazer o bem. E agora, quanto à segunda parte da resposta, examinemos o comerciante. Suponha que o homem tenha um emprego de renda muito modesta. Tornando-se religioso, porém, ele pode melhorar os negócios, quem sabe arrumar uma esposa rica ou muitos clientes. Eu não vejo razão para que isso não se faça licitamente, pois tornar-se religioso é uma virtude, sejam quais forem os motivos que o impulsionem. Também não é ilegal almejar uma mulher rica ou mais clientes para a sua loja. E, além disso, o homem que alcança esses objetivos por tornar-se religioso alcança o que é bom a partir do que é bom, tornando-se ele mesmo bom. Terá uma boa esposa, bons clientes e um bom lucro, e tudo isso porque ele se tornou religioso, o que é louvável. Tornar-se religioso para alcançar todas essas coisas é um desejo bom e proveitoso.

Essa resposta de Amor-ao-dinheiro à pergunta de Interesse Próprio foi muito aplaudida, levando-os a concluir que a atitude era muito sensata e vantajosa. Estando Cristão e Esperançoso ainda à vista, e como os quatro homens pensavam que ninguém poderia contradizer aquela argumentação, eles decidiram propor tal questão aos dois homens assim que os alcançassem, já que ambos se opuseram ao Sr. Interesse Próprio. Chamaram Cristão e Esperançoso, e estes tiveram de esperar pelos quatro homens. Combinaram que o Sr. Apego-ao-mundo é quem proporia a questão aos dois homens, e não o Sr. Interesse Próprio, pois, segundo imaginavam, a resposta de Cristão e Esperançoso não seria tão

O PEREGRINO

acalorada como a que recebera recentemente Interesse Próprio. Então os dois grupos se encontraram e, após breves cumprimentos, Apego-ao-mundo perguntou a Cristão e a seu companheiro:

— Até uma criança no campo da religião pode responder dez mil dessas perguntas. Se é proibido seguir a Cristo por pedaços de pão, como se vê em João 6:1, quanto mais abominável não será fazer de Cristo e da religião pretexto para abraçar e desfrutar o mundo. Somente pagãos, hipócritas, diabos e feiticeiros aceitam tal opinião.

— Refiro-me a pagãos — explicou Cristão — pois quando Hamor e Siquém cobiçaram as filhas e o gado de Jacó, e viram que não havia meio de obtê-los senão aceitando a circuncisão, disseram aos seus companheiros: "Se todo homem dentre nós se deixar circuncidar, como também eles são circuncisos, não serão nossos seu gado e sua riqueza, além de todo animal que possuam?". Esses homens buscavam apenas as filhas e o gado de Jacó. A religião, portanto, foi o pretexto de que se utilizaram para alcançá-los (Gênesis 34:20-24).

— Os fariseus hipócritas — disse Cristão — também praticavam essa mesma religião. Seu pretexto eram as longas orações, mas seu objetivo era tomar as casas das viúvas, e por isso Deus dedicou-lhes maior condenação em seu juízo (Lucas 20:46-47). Judas, o diabo, também era dessa religião. Ele era religioso só com vistas a possuir a bolsa e o que nela havia, mas se perdeu, foi renegado e tornou-se o próprio filho da perdição. Simão, o mago, também praticava essa religião. Ele pretendia possuir o Espírito Santo para com ele obter dinheiro. Mereceu a sentença decretada por Pedro (Atos 8:19-22).

Concluindo, disse Cristão:

JOHN BUNYAN

— Não posso deixar de dizer que o homem que abraça a religião por causa do mundo dispensa a religião por causa do mundo, pois tão certo quanto Judas desejava o mundo ao tornar-se religioso, também pelo mesmo motivo vendeu a religião e seu próprio Mestre. Portanto, dar resposta afirmativa a essa pergunta, como percebo que vocês fizeram, e aceitá-la como autêntica, é agir como pagão, hipócrita e diabo, e a sua recompensa será conforme as suas ações.

Eles não tiveram como contestar Cristão. Esperançoso aprovou a resposta sensata do amigo, e fez-se grande silêncio entre todos eles. Interesse Próprio e seus companheiros, atônitos, ficaram para trás. Então Cristão falou ao companheiro:

— Se esses homens não conseguem suportar a sentença dos homens, o que farão diante da sentença de Deus? E se eles se calam quando enfrentam vasos de barro, o que farão quando forem repreendidos pelas labaredas de um fogo arrebatador? Cristão e Esperançoso seguiram deixando os outros para trás, chegaram a uma planície chamada Facilidade. Essa planície era curta, tanto que logo chegaram ao final. Do outro lado da planície, tinha uma pequena colina chamada Lucro, e, nessa colina, uma mina de prata. Alguns dos que anteriormente passaram por esse caminho, por causa da raridade da mina, acabaram se desviando para conhecê-la, mas aproximaram-se demais da beira do buraco e, sendo o solo ali perigoso, o chão cedeu sob seus pés, soterrando-os para sempre. Alguns, entretanto, ficaram mutilados, e nunca puderam recuperar-se.

Vi em meu sonho que próximo da mina de prata, achava-se Demas, que convidava aqueles que passavam por ali a ver a mina. Então, disse ele a Cristão e seu companheiro:

— Venham, por favor, até aqui, que quero lhes mostrar algo.

O PEREGRINO

— O que seria capaz de nos desviar do caminho?

— Há aqui uma mina de prata, e alguns a escavam em busca de riquezas. Se vierem, com pouco esforço poderão juntar um belo tesouro.

— Vamos lá ver.

— Eu não. Já ouvi falar desse lugar, e que muitos ali pereceram. Além disso, essas riquezas são um laço para os que as buscam, pois por causa delas se retardam na peregrinação.

Depois, dirigindo-se a Demas:

— O lugar é perigoso? Não atrapalhou já muitos peregrinos no caminho?

— Não é muito perigoso, exceto para os descuidados — mas corou ao dizer isso.

Falou então Cristão a Esperançoso:

— Não vamos perder tempo aqui. Continuemos no nosso caminho.

— Tenho certeza de que Interesse Próprio, se ouvir o mesmo convite, certamente se desviará para ver.

— Sem dúvida, pois seus princípios o levam por esse caminho, e acredito que ali ele perderá a vida.

— Vocês não querem ver, então?

Cristão respondeu-lhe asperamente:

— Demas, você é inimigo da vida reta do Senhor deste caminho e já foi condenado por um dos juízes de sua Majestade quando se desviou. Por que quer nos atrair para a mesma condenação? Se nos desviarmos, nosso Senhor, o Rei, certamente ficará sabendo disso e nos envergonhará quando estivermos diante dele.

117

JOHN BUNYAN

Demas disse que também fazia parte dessa fraternidade, e que, se quisessem esperar um pouco, ele mesmo se poria a caminho com eles.

— Qual é o seu nome? Não é o mesmo pelo qual já o chamei?

— Sim, meu nome é Demas. Sou filho de Abraão.

— Geazi foi seu bisavô, e Judas seu pai, e você seguiu as pegadas deles. Seu pai foi enforcado como traidor, e você não merece recompensa melhor. Pode estar certo de que, ao encontrarmos o Rei, a Ele relataremos esse seu comportamento.

E assim seguiram seu caminho. A essa altura, Interesse Próprio e seus companheiros se aproximavam, e, ao primeiro aceno, foram falar com Demas. Entretanto, não sei ao certo se ao olhar da beirada lá para dentro acabaram caindo no buraco, ou se desceram para cavar, ou ainda se morreram sufocados lá no fundo pelos gases da mina. Só reparei que jamais foram vistos novamente no caminho.

Cristão cantou:

> *Demas e Interesse Próprio, farinha do mesmo saco,*
> *Um chama, outro vai como um insensato.*
> *Na esperança de apenas ganhar.*
> *E é assim que os dois vivem a penar.*

Vi que, atravessando a planície, os peregrinos chegaram a um lugar onde se erguia um antigo monumento, bem ao lado do caminho. Os dois ficaram perturbados, devido a sua estranha forma, pois parecia uma mulher transformada em coluna. Ali ficaram, admirando a intrigante figura, sem saber o que fazer por algum tempo. Esperançoso avistou algo escrito no alto do monumento, escrita de caligrafia incomum, mas não sendo ele erudito, chamou Cristão para ver se conseguia decifrar o significado. Cristão se aproximou e descobriu que ali estava escrito: "Lembrem-se da

JOHN BUNYAN

mulher de Ló". Então leu a frase para o amigo e ambos imediatamente concluíram que era a coluna de sal em que se transformara a mulher de Ló por ter olhado para trás com coração cheio de cobiça, enquanto fugia de Sodoma para salvar a vida. Diante dessa visão tão espantosa e repentina, Cristão disse:

— Temos aí algo oportuno, pois veio em boa hora, após o convite que Demas nos fez de subir para ver a Colina do Lucro. Se tivéssemos subido até lá, como ele queria e como você estava inclinado a fazer, meu irmão, certamente seríamos agora espetáculo para os que vêm depois de nós.

— Sinto muito ter sido tão insensato. Isso me faz imaginar por que não estou agora como a mulher de Ló, pois qual a diferença entre o pecado dela e o meu? Ela apenas olhou para trás, e eu desejei ir lá ver. Ah, bendita graça! Que eu me envergonhe dessa ideia ter encontrado lugar no meu coração.

— Precisamos prestar muita atenção ao que vemos aqui, pois nos será útil no futuro. Essa mulher escapou a uma condenação, pois não morreu na destruição de Sodoma, mas pereceu em outra, e transformou-se em uma coluna de sal.

— Que ela nos seja ao mesmo tempo alerta e exemplo: alerta para que evitemos seu pecado, ou um sinal de que o juízo destruirá os que não se deixarem deter por esse alerta. Assim também Coré, Data e Abirão, com os 250 homens que pereceram por causa de seu pecado, tornaram-se sinal, ou exemplo, de alerta aos outros. Eu não entendo como Demas e seus companheiros podem se mostrar tão confiantes na busca daquele tesouro, quando essa mulher, só por olhar para trás, se transformou em uma coluna de sal? Pois o juízo que a destruiu de fato fez dela um exemplo visível do lugar onde eles estão. Afinal, para que eles a vejam, basta erguer os olhos.

O PEREGRINO

— Isso é realmente intrigante, sugere que o coração desses homens se encontra em situação desesperadora. Não consigo imaginar melhor comparação para eles que os ladrões que roubam diante do juiz ou que arrancam bolsas debaixo do cadafalso. Diz-se dos homens de Sodoma que eram pecadores irrecuperáveis (Gênesis 13:13), pois pecavam perante o Senhor, apesar da bondade que Deus lhes demonstrara, já que a terra de Sodoma era então como o jardim do Éden. Isso incitou a ira divina, e tornou o castigo de Sodoma tão ardente quanto o fogo do Senhor do Céu pôde fazê-lo. Nada mais racional senão concluir que aqueles que, como estes, pecarem à vista de Deus, apesar de todos os exemplos dados fornecidos para preveni-los, com certeza merecerão juízo dos mais severos.

— Mas grande é a misericórdia que nos cobre, porque nem você nem eu nos transformamos em exemplo disso. Isso nos dá oportunidade de agradecer a Deus, de temê-lo e de jamais esquecer a mulher de Ló.

Vi que seguiram o seu caminho, chegando a um rio agradável, que o rei Davi chamou de "riacho de Deus" (Salmos 65:9), mas que João chamou de "rio da água da vida" (Apocalipse 22:1). Agora o caminho corria justamente pela beira do rio. Cristão e seu companheiro caminhavam com prazer. Beberam também da água do rio, que era revigorante para seu espírito exausto. Nas duas margens desse rio, árvores verdejantes davam várias espécies de frutos, e cujas folhas tinham propriedades medicinais. Os dois se deleitaram com os frutos e comiam as folhas para evitar moléstias. Em cada margem do rio tinha um prado, curiosamente embelezado de lírios, que se mantinha viçoso o ano inteiro. Era um lugar onde podiam dormir em segurança. Lá ficaram durante vários dias e noites.

Então, cantaram:

JOHN BUNYAN

Nesse rio correm águas translúcidas como cristal,
Que levam até a Cidade Celestial.
O prado viçoso, o aroma balsâmico,
As benesses dos frutos e das folhas terapêuticas.
Quem conhece permanece em alegria constante,
Para ter para si esse prado verdejante.

Comeram e beberam, retomando viagem. Notei no meu sonho que logo adiante o rio e o caminho se separavam. Os peregrinos ficaram tristes, mas nem por isso se desviaram do caminho. A trilha ficou acidentada, e seus pés ficaram doloridos em razão de tanta viagem, motivo por que a alma dos peregrinos se abateu bastante (Números 21:4). Um pouco adiante, havia do lado esquerdo da estrada um prado e uma escada que, passando por sobre o muro, conduzia até lá. O prado se chamava Atalho. Cristão disse ao companheiro:

— Vamos passar por esse prado, pois fica junto ao nosso caminho.

Havia uma trilha do outro lado do muro.

— Do outro lado vejo um caminho mais fácil. Vamos, meu bom amigo, passemos para o outro lado.

— Mas como, se essa trilha nos desviará do caminho?

— Nada disso, não acompanha exatamente o traçado do caminho?

Esperançoso, convencido pelo colega, atravessou com ele o muro pela escada. Já do outro lado, na nova trilha, viram que seus pés se aliviavam; logo depois, olhando para a frente, avistaram um homem, e seu nome era Vã Confiança. Então o chamaram e lhe perguntaram para onde conduzia a trilha.

— Para o Portão Celestial — respondeu Vã Confiança.

— Então estamos certos — disse Cristão.

JOHN BUNYAN

Seguiram então, e Vã Confiança foi à frente. Anoiteceu, e aqueles que seguiam atrás perderam de vista aquele que caminhava à frente. Vã Confiança não enxergou o caminho, e acabou caindo em um poço profundo, que teria sido aberto pelo príncipe daquelas terras para apanhar os tolos presunçosos.

Esperançoso perguntou:

— Onde estamos agora?

Cristão ficou calado, suspeitando que tinha desviado do caminho. Começou uma tempestade assustadora. Esperançoso se lamentou, dizendo:

— Ah! Como pude me desviar do meu caminho!

— Quem poderia imaginar que essa trilha nos desviaria do caminho?

— Eu temia isso desde o começo, por isso alertei-o. Eu deveria ter falado com mais franqueza, mas você é mais velho do que eu.

— Sinto muito por tê-lo desviado para longe do caminho e colocado em perigo. Peço que me perdoe, amigo. Não tinha más intenções.

— Fique tranquilo, meu irmão, pois eu o perdoo. Isso acabará resultando em nosso bem.

— Fico satisfeito por ter um amigo misericordioso. Mas não podemos ficar aqui parados. Vamos tentar voltar.

— Permita-me ir à frente, por favor.

— Peço que você me deixe ir à frente, pois, se houver algum perigo, quero ser o primeiro a cair, afinal foi por minha causa que desviamos do caminho.

— Você não pode ir à frente, pois como está confuso, pode acabar saindo novamente do caminho.

O PEREGRINO

Então ouviram uma voz animadora que dizia: "Que seu coração se volte à estrada, ao caminho que você trilhou: volte" (Jeremias 31:21). Mas a essa altura as águas estavam bem altas, e por esse motivo o caminho de volta se tornava bastante perigoso. Ainda assim se arriscaram a voltar. Estava tão escuro, e as águas tão altas, que quase se afogaram. Apesar de todo esforço, não puderam alcançar novamente a escada na mesma noite. Por isso, parando debaixo de um abrigo, se acomodaram para aguardar o raiar do dia, mas, exaustos, adormeceram. Estavam próximos de um castelo, chamado Castelo da Dúvida, cujo dono era o gigante Desespero. O gigante foi caminhar pelos campos e encontrou Cristão e Esperançoso adormecidos. Muito mal-humorado, acordou-os, perguntando-lhes de onde vinham e o que faziam em suas terras. Eles responderam que eram peregrinos e que haviam perdido o caminho. O gigante falou:

— Essa noite vocês invadiram a minha propriedade, vagando pelas minhas terras e deitando-se em meu solo. Agora vocês terão que me acompanhar. Foram forçados a acompanhá-lo, pois o gigante era mais forte do que os dois. Também pouco tinham a dizer, pois sabiam que estavam errados. O gigante levou-os até o castelo. Lá os prendeu em um calabouço sombrio e sórdido. Ali ficaram da manhã de quarta-feira até a noite de sábado, sem nem sequer migalha de pão ou gota de água, nem luz alguma. Nesse lugar, Cristão sentia redobrado pesar, pois fora graças a ele que acabaram nessa situação aflitiva. O gigante Desespero tinha uma mulher, de nome Coação. Contou à mulher que havia trazido dois prisioneiros, lançando-os no calabouço, pois haviam invadido a sua propriedade. Perguntou-lhe também o que deveria fazer com eles. Ela quis saber quem eram os homens, de onde vinham e para onde iam. E ele lhe disse. Então a mulher sugeriu espancá-los sem piedade. Ao amanhecer, o gigante pegou uma terrível clava de macieira silvestre e desceu ao calabouço. Primeiro os repreendeu,

JOHN BUNYAN

como se fossem cães. Depois os espancou sem misericórdia. Feito isso, o gigante saiu e os deixou condoendo-se da sua miséria e lamentando a sua aflição. Na noite seguinte, a mulher perguntou se os prisioneiros estavam vivos, então aconselhou o gigante a sugerir aos dois que se matassem. O gigante, de manhã bem cedo, desceu até o calabouço e, percebendo que os homens estavam muito machucados com a surra que lhes aplicara no dia anterior, disse-lhes que, como era improvável que jamais escapassem daquele lugar, a única saída para eles era acabar com a própria vida.

— Por que vocês escolheriam a vida, vendo que ela é tão cheia de dor? — indagou o gigante.

Os homens, porém, pediram-lhe que os deixasse ir. Lançando-lhes um olhar terrível, o gigante atacou os prisioneiros, e certamente teria acabado com a vida dos dois, não tivera ele, naquele momento, um dos seus ataques, perdendo temporariamente o controle das mãos. Assim, recuou e permitiu que eles ponderassem o que fazer. Então os dois passaram a debater entre si se era melhor aceitar ou não o conselho do gigante:

— Irmão, que faremos? A vida que agora vivemos é miserável. Confesso que não sei se é melhor viver assim ou morrer. Minha alma prefere o estrangulamento à vida, e a sepultura é para mim mais fácil de suportar do que este calabouço (Jó 7:15). Vamos aceitar o conselho do gigante?

— A morte seria muito mais bem-vinda do que viver assim para sempre. Mas devemos pensar que o Senhor do país para onde vamos nos disse: não tirarás, jamais, a vida de outra pessoa. Imagine então aceitar o conselho de tirar a nossa própria vida! Também, aquele que mata outro homem pode, no máximo, assassinar o corpo do outro, mas matar a si mesmo é matar corpo e alma de uma só vez. Você mencionou alívio na sepultura, mas se esqueceu do inferno para onde vão os assassinos? Nenhum assassino

JOHN BUNYAN

terá vida eterna. Não devemos nos esquecer de que a lei toda não está nas mãos do gigante Desespero. Acredito que outros já foram pegos por ele, porém conseguiram escapar de suas garras. Quem sabe o Deus que criou o mundo não fará morrer o gigante Desespero ou talvez se esqueça de trancar a porta. Quem sabe, ainda, daqui a pouco ele possa ter outro ataque e perder o controle dos membros. Mas, seja como for, tenhamos paciência. O tempo pode nos presentear com uma feliz libertação, portanto não sejamos nunca nossos próprios assassinos.

Com essas palavras, Esperançoso de fato conseguiu aliviar a angústia de seu irmão, e assim continuaram juntos. O gigante voltou ao calabouço para ver se os prisioneiros haviam aceitado o seu conselho. Chegando lá, porém, encontrou-os vivos. Eles estavam muito fracos, devido à falta de pão e de água, e em função dos ferimentos recebidos com o espancamento, mal conseguiam respirar. Ao encontrá-los vivos, o gigante explodiu de raiva e disse-lhes que, por terem desobedecido ao seu conselho, melhor teria sido para eles jamais haver nascido. Os dois tremeram muito e Cristão desmaiou. Voltando a si, porém, os dois homens retomaram a conversa sobre o conselho do gigante, se seria ou não melhor aceitá-lo. Novamente Cristão parecia disposto a aceitá-lo, mas Esperançoso reagiu:

— Você não se lembra do quanto foi corajoso? Apoliom não conseguiu esmagá-lo, nem tampouco tudo o que você ouviu, viu ou sentiu no Vale da Sombra da Morte. Quanta dificuldade, terror e temor você já enfrentou, e agora demonstra somente medo? Você não percebe que eu, que sou mais fraco, também estou neste calabouço com você? Esse terrível gigante me feriu tanto quanto a você, e também me negou o pão e a água, e como você lamento estar aqui na escuridão, mas tenhamos um pouco mais de paciência. Você não lembra a coragem que demonstrou na Feira das

O PEREGRINO

Vaidades, não temendo nem grilhões, nem a cela, nem mesmo a morte sangrenta? Portanto agora, suportemos com paciência.

A mulher do gigante quis saber dos prisioneiros se haviam aceitado ou não seu conselho.

Ele disse:

— São trapaceiros obstinados. Preferem suportar todo sofrimento ao suicídio.

— Leve-os amanhã ao pátio do castelo e mostre-lhes os ossos e crânios daqueles que você já matou — retrucou a mulher — e convença-os de que, antes do fim da semana, você os esmagará do mesmo modo que aos seus companheiros.

Quando amanheceu, o gigante foi falar com eles novamente. Levando-os até o pátio do castelo, mostrou-lhes o que sua mulher lhe aconselhara.

— Estes — disse o gigante — foram, um dia, peregrinos que, como vocês, também invadiram os meus domínios. Quando achei que era hora, eu os despedacei. O mesmo farei com vocês dentro de dez dias. E então os levou de volta ao calabouço. Durante todo o dia de sábado lá ficaram entregues a suas lamentações. Ao anoitecer, a sra. Coação e seu marido voltaram a falar sobre os prisioneiros. Desespero se admirava que nem com pancadas nem com conselhos conseguia acabar com eles. A mulher disse:

— Temo que eles vivam na esperança de que alguém virá libertá-los, ou que tenham consigo alguma chave falsa com que pretendem fugir.

— Se você acha que isso é possível, querida — disse o gigante — amanhã de manhã vou revistá-los. No entanto, por volta da meia-noite de sábado, eles começaram a orar e continuaram em oração até quase o raiar do dia. Cristão disse entusiasmado:

129

JOHN BUNYAN

— Como sou idiota! Ficar aqui neste calabouço malcheiroso, podendo muito bem andar com liberdade! Trago no peito uma chave chamada Promessa, que abrirá qualquer fechadura do Castelo da Dúvida.

— Que boa notícia, meu irmão! — exclamou Esperançoso. — Pois então tire essa chave do peito e experimente. Cristão tentou abrir a porta do calabouço. O ferrolho cedeu assim que ele virou a chave, e a porta se abriu facilmente. Saindo, os dois foram até a porta externa que levava ao pátio do castelo e, com a chave, abriram-na. Chegaram à porta de ferro. O ferrolho estava completamente enferrujado, mas a chave abriu-o também. Empurraram o portão para fugir, mas, ao abrir, tanto rangeram as dobradiças que o gigante Desespero acordou. Levantando-se às pressas para alcançar seus prisioneiros, foi acometido por um ataque. Os dois homens, correndo, alcançaram a estrada do Rei, e ali se sentiram em segurança, pois já estavam fora das terras do gigante. Começaram a pensar no que deveriam fazer a fim de impedir que outros peregrinos caíssem nas mãos do gigante Desespero. Assim concordaram em erguer ali uma coluna, gravando no alto o seguinte: "Esta escada leva ao Castelo da Dúvida, guardado pelo gigante Desespero, que despreza o Rei da Cidade Celestial e busca destruir os santos peregrinos". Muitos que por ali passaram leram o que estava escrito e escaparam do perigo.

E então cantaram assim:

Desviamos do caminho para a Cidade Celestial,
Para pisar em terras do monstro bestial.
Aqueles que vêm depois tenham cautela,
Para não serem apanhados e presos na cela.

Os peregrinos seguiram seu caminho e, chegando às Montanhas Aprazíveis, terras pertencentes ao Senhor do morro de que mencionei anteriormente, subiram as montanhas para ver os jar-

O PEREGRINO

dins, os pomares, os vinhedos e as fontes de água, onde beberam e se banharam, comendo livremente do fruto das vinhas. No cume dessas montanhas avistaram pastores pastoreando seus rebanhos, ao lado da estrada. Os peregrinos foram falar com eles e, apoiados em seus cajados, perguntaram:

— De quem são estas Montanhas Aprazíveis e as ovelhas que pastam por aqui?

— Estas montanhas são a Terra de Emanuel, e podem ser vistas da Cidade Celestial. As ovelhas também pertencem a Ele, que por elas deu a própria vida.

— É este o caminho para a Cidade Celestial?

— Vocês estão no caminho certo.

— Qual a distância até lá?

— Muito distante para uma pessoa comum, mas perto para os que de fato chegarão.

— O caminho é seguro?

— Seguro para aqueles aos quais deve ser seguro, "mas os insubordinados nele tropeçam" (Oséias 14:9).

— Será que neste lugar há algum alívio para peregrinos exaustos?

— O Senhor destas montanhas nos deu um encargo: "Não se esqueçam da hospitalidade" (Hebreus 13:2). Portanto, tudo o que há de bom neste lugar está à disposição de vocês.

Vi também em meu sonho que, percebendo que os dois eram peregrinos, os pastores fizeram algumas perguntas: de onde vinham, como haviam entrado no caminho e como conseguiram perseverar até ali. Ao ouvir as respostas, os pastores, muito encantados, olharam os dois com afeto e disseram:

JOHN BUNYAN

— Sejam bem-vindos às Montanhas Aprazíveis. Os pastores, cujos nomes eram Conhecimento, Experiência, Atento e Sincero, levaram os peregrinos até suas tendas, partilhando com eles aquilo que tinham. Depois disseram:

— Gostaríamos que vocês ficassem aqui por algum tempo, para nos conhecermos mais e também para que vocês desfrutem das Montanhas Aprazíveis. Os dois concordaram e em seguida foram dormir.

Vi em meu sonho que, de manhã, os pastores chamaram Cristão e Esperançoso para caminhar com eles pelas montanhas. Foram até o cume de uma colina, chamada Erro, que era bastante íngreme no lado oposto. Lá em cima, pediram que os dois olhassem para o precipício. Olhando, Cristão e Esperançoso viram lá embaixo vários homens despedaçados pela queda que sofreram lá do cume.

— O que significa isto? — questionou Cristão.

— Não ouviram falar daqueles que foram levados ao erro por dar ouvidos a Himeneu e Fileto a respeito à fé na ressurreição do corpo? — perguntaram os pastores.

— Sim — responderam os peregrinos.

— Pois aqueles que vocês veem despedaçados lá no fundo do precipício são eles. Até hoje permanecem insepultos, como exemplo para os outros, para que tenham cuidado ao subir demais, ou ao aproximar-se demais da beirada deste precipício.

Vi que os levaram até o pico de outra montanha, chamada Cautela. Ali pediram-lhes que olhassem ao longe. Avistaram vários homens perambulando entre os túmulos que havia ali. Notaram que os homens eram cegos, pois às vezes tropeçavam nas sepulturas.

O PEREGRINO

— O que significa isto? — perguntou Cristão.

— Não viram um pouco abaixo destas montanhas uma escada que conduz até um prado, à esquerda do caminho? — perguntaram-lhe os pastores.

— Vimos sim —responderam os dois.

— Dessa escada parte uma trilha que leva até o Castelo da Dúvida, guardado pelo gigante Desespero. Esses homens eram também peregrinos como vocês, até chegarem àquela escada. Por ser o caminho reto acidentado naquele trecho, preferiram desviar-se e entrar no prado, e ali foram capturados pelo gigante Desespero e levados ao Castelo da Dúvida. Depois de permanecer certo tempo no calabouço, foram cegados e levados até aqueles túmulos, onde até hoje perambulam desorientados. Isso para que se cumprisse o ditado do sábio: "Quem se afasta do caminho da sensatez repousará na companhia dos mortos" (Provérbios 21:16). Cristão e Esperançoso se entreolharam, os olhos marejados, mas nada disseram aos pastores.

Vi também em meu sonho que os pastores os levaram a outro lugar, em um vale, onde se via uma porta na encosta de um morro. Abriram a porta e pediram aos peregrinos que olhassem lá dentro. Olhando, viram que o interior era fúnebre. Ouviram ruídos, como o crepitar de labaredas e gritos de homens aflitos, sentiram um forte cheiro de enxofre.

— O que significa isto? — quis saber Cristão.

— Isso é um atalho para o inferno —responderam os pastores —, caminho que tomam os hipócritas; gente que, como Esaú, vende o direito de primogenitura; gente que vende o próprio Mestre, como Judas; gente que blasfema o Evangelho, como Alexandre; e gente que mente e dissimula, como Ananias e Safira, sua mulher.

JOHN BUNYAN

— Vejo que esses tinham a aparência de peregrinos como nós, não? — perguntou Esperançoso.

— Sim, e a mantiveram por longo tempo.

— Até que ponto puderam seguir na peregrinação antes de se perder?

— Alguns foram além destas montanhas, outros nem chegaram até aqui.

Então disseram os peregrinos um ao outro:

— Convém pedir força àquele que é poderoso.

— Sim, e quando tiver disponível é preciso usá-la.

Decidiram prosseguir, e juntos caminharam até o final das montanhas.

Então os pastores comentaram:

— Mostremos daqui, aos peregrinos, os portões da Cidade Celestial. Vejamos se eles conseguem usar a nossa luneta.

Os dois peregrinos aceitaram o convite. Então os levaram ao cume de uma alta colina, chamada Transparência, e lhes deram uma luneta. Tentaram usar o instrumento, mas a lembrança da última coisa que os pastores lhes mostraram fez tremer suas mãos. Sem conseguir segurar com firmeza a luneta, não conseguiram ver uma imagem nítida, mas mesmo assim viram algo semelhante a um portão, e previram algo da glória do lugar.

Preparavam-se para partir, cantaram:

> *Os segredos nos revelaram os pastores,*
> *Que os homens não conhecem todos os dissabores.*
> *Louvemos os pastores, pois, se quereis conhecer um dia,*
> *Coisas profundas, coisas ocultas, solitárias e sombrias.*

O PEREGRINO

Antes que partissem, um dos pastores deu informações sobre o caminho.

Outro os aconselhou a tomar cuidado com Adulador. O terceiro alertou para não dormir sobre o Solo Enfeitiçado. E o quarto desejou a eles boa sorte.

Então despertei do meu sonho.

Adormeci novamente e, sonhando, vi os dois peregrinos descendo as montanhas. Além das montanhas, no vale à esquerda, ficava a Terra da Presunção. Atravessando essa terra, via-se uma alameda tortuosa que cruzava o caminho dos peregrinos. Encontraram um homem, seu nome era Ignorância. Cristão perguntou a ele de onde vinha, e para onde seguia.

— Senhor, nasci naquelas terras, um pouco à esquerda daqui. Estou indo para a Cidade Celestial.

— Mas como pensa em superar as dificuldades que talvez encontre pelo caminho que leva ao portão?

— Como todos.

— Mas o que você tem a mostrar diante do portão para que ele se abra?

— Tenho vivido de acordo com a vontade do meu Senhor. Dou a cada homem o que lhe cabe; oro, jejuo, pago o dízimo e dou esmolas, e ainda deixei a minha terra por essa outra a qual me dirijo.

— Mas você não veio pela porta estreita, isto é, pelo começo do caminho. Você chegou aqui por esta alameda tortuosa, por isso, não importa o que pense de você, quando chegar o dia do juízo, temo que você venha a ser acusado de trapaceador, não sendo então admitido na cidade.

JOHN BUNYAN

— Não os conheço. Siga a religião da sua terra que eu seguirei a religião da minha. E quanto à porta de que você falou, todo mundo sabe que fica longe da nossa terra. Acredito que nenhum homem destas bandas conheça o caminho até lá. Como vocês podem ver, temos uma bela alameda que desce da nossa terra até este caminho.

Cristão sussurrou a Esperançoso:

— Maior esperança há para o insensato do que para ele (Provérbios 26:12) — E acrescentou:

— Mesmo quando anda pelo caminho, o tolo age com insensatez e mostra a todos que não passa de um tolo (Eclesiastes 10:3). Que fazemos, então? Conversamos mais com ele ou partimos, deixando que pondere o que já ouviu, procurando-o depois para verificar se podemos ajudá-lo?

Esperançoso refletiu:

> *Que reflita o que ouviu outrora,*
> *E não refute o bom conselho agora.*
> *Que não menospreze afinal,*
> *O objetivo mais pleno e essencial.*
> *Deus diz que quem não tem juízo,*
> *Não conhecerá o paraíso.*

Então continuou:

— Vamos deixá-lo para trás, e conversemos com ele mais tarde, se for capaz de entender.

Os dois seguiram o caminho, e Ignorância os seguia. Entraram por uma alameda bem sombria, onde encontraram um homem que fora amarrado por sete demônios, com sete cordas resistentes. Os demônios o arrastavam para a porta que os peregrinos viram na encosta do morro. Cristão e Esperançoso ficaram amedrontados. Cristão quis observá-lo para ver se o conhecia, pois pensou

O PEREGRINO

que talvez fosse Desviado, que morava na cidade da Apostasia. No entanto, não pôde ver seu rosto, pois o homem estava com a cabeça baixa, como um ladrão pego em flagrante. Mas, passando por ele, Esperançoso virou-se e enxergou nas costas do homem um cartaz com a inscrição: "Professor libertino e apóstata condenável". Então disse Cristão ao amigo:

— Ouvi algo a respeito de um homem destas bandas. Chamava-se Pequena Fé, mas era homem bom e morava no vilarejo da Sinceridade. Foi este o fato: à entrada desse atalho há uma vereda que vem da Porta Larga, denominada Vereda dos Mortos por causa dos assassinatos que lá ocorreram. Estando Pequena Fé em peregrinação, sucedeu de ele parar ali para dormir. Três irmãos bandidos muito fortes e cujos nomes eram Covardia, Descrença e Culpa, vinham da Porta Larga por aquela vereda. Foram falar com Pequena Fé quando este acabava de despertar do sono. Cercaram-no e, com ameaças, fizeram-no parar. Pequena Fé ficou assustado, sem forças para lutar ou fugir. Gritou então Covardia, um dos bandidos: "Dê-me a bolsa". Como Pequena Fé relutou em entregá-la, Descrença se aproximou dele e pegou uma bolsa cheia de prata. "Ladrões, ladrões", gritou Pequena Fé. Culpa pegou uma clava e atingiu Pequena Fé na cabeça, deixando-o estirado no chão. Ficou ali sangrando, como moribundo, enquanto os bandidos permaneciam ao seu redor, mas quando estes perceberam que vinha alguém pela estrada, e temendo ser Graça Abundante, morador da cidade de Boa Confiança, os três fugiram, deixando o bom homem entregue à própria sorte. Depois de algum tempo, Pequena Fé voltou a si e, saiu tropeçando pelo caminho.

— Mas então tomaram dele tudo o que tinha?

— Ele conseguiu conservar suas joias. Mas o bom homem ficou muito angustiado com a perda, já que os ladrões levaram a maior parte de seu dinheiro para as despesas, restando-lhe apenas uma pequena soma, mas não o suficiente para sustentá-lo até o final da viagem. Sendo assim, foi forçado a mendigar para comer, pois não conseguiu vender as joias.

— Não é impressionante que não tivessem roubado o seu certificado, mediante o qual ele seria admitido no Portão Celestial?

— Contudo, não foi por astúcia do homem que os três deixaram de roubar o certificado, pois estando Pequena Fé apavorado diante da chegada dos bandidos, não tinha forças para esconder nada. Foi mais pela piedosa providência do que por esforços dele que os ladrões perderam a oportunidade de roubar esse tesouro.

— Deve ter sido um consolo para ele o fato de não perder essa preciosidade.

— Seria um consolo, se tivesse usado como deveria, mas pouco usou esse tesouro durante o resto da viagem, pois ficou muito abatido com aquele assalto. Pequena Fé chegou mesmo a se esquecer desse certificado durante grande parte do resto da jornada. Além disso, sempre que se lembrava dele, encontrando consolo, novamente lembrava da perda, e esses pensamentos engoliam tudo o mais.

— Pobre coitado! Isso certamente era uma grande angústia para ele.

— Acredito que sentiríamos o mesmo se tivéssemos sido roubados e feridos, e em lugar tão estranho. É de admirar que não tenha morrido de angústia. Contaram-me que ele passou praticamente todo o resto da jornada entre lamentos aflitos e amargurados. Contava a todos que encontrava pelo caminho onde fora roubado e como, quem eram os ladrões e o que levaram, e que fora ferido quase mortalmente.

— É de admirar que suas necessidades não o tenham feito vender ou empenhar algumas de suas joias, para que assim tivesse com o que subsistir durante a viagem.

— Onde ele foi roubado suas joias não tinham valor, nem queria ele alívio que pudesse advir disso. Além do mais, se perdesse as joias diante do portão da Cidade Celestial, perderia o direito a qualquer herança ali, e isso seria pior do que o assalto e a crueldade de dez mil ladrões.

— Por que você está tão amargo, Cristão? Esaú vendeu o direito de primogenitura por uma panela de sopa, e esse direito era a sua maior joia. Mas se ele o fez, por que Pequena Fé também não poderia fazê-lo?

— Esaú de fato vendeu o direito de primogenitura, como outros também fizeram, e ao fazer isso excluíram-se da bênção maior, como fez aquele infeliz. Mas Esaú e Pequena Fé são diferentes, e também os seus bens. O direito de primogenitura de Esaú — explicou Cristão — era simbólico, mas não as joias de Pequena Fé. O estômago de Esaú era seu deus, mas esse não era o caso de Pequena Fé. Esaú entregava-se ao apetite da carne, mas não Pequena Fé. Além disso, Esaú só conseguia enxergar a satisfação de seus desejos. "Estou a ponto de morrer e de que me servirá o direito de primogenitura?"

Quanto a Pequena Fé, embora fosse a sua sina não ter senão fé pequena, essa mesma fé o livrava de tais extravagâncias, fazendo-o valorizar suas joias a ponto de não querer vendê-las, como fez Esaú com o direito de primogenitura. Não se sabe que Esaú tivesse fé, nem mesmo pequena. Portanto, onde só a carne domina, não admira que ele venda o direito de primogenitura, a alma e tudo o mais, e isso para o próprio diabo do inferno, pois esse tipo de homem é como o jumento que empaca (Jeremias 2:24). Quando os pensamentos se concentram nas paixões, ele as satisfaz, custe o que custar. Pequena Fé era de outra índole. Seus pensamentos se baseavam nas coisas divinas; seu modo de vida dependia de coisas espirituais. Com que propósito um homem de tal índole venderia as suas joias para encher a cabeça de coisas vãs? Daria o homem um centavo para encher o estômago de feno? Ou será possível convencer o pombo a viver de carniça, como o urubu? Os infiéis, por paixões carnais, podem penhorar, hipotecar ou vender sem pestanejar o que têm ou são, mas os que têm fé, mesmo pouca, esses não o farão. Aqui, portanto, está o seu erro, meu irmão.

— E eu admito. Porém a sua severa reflexão me deixou um pouco irritado.

— Ora, nada fiz senão comparar você a um passarinho ligeiro, desses que correm para cá e para lá em trilhas. Deixe isso de lado e tudo ficará bem entre nós.

— Mas Cristão, acho que esses três homens não passam de uns covardes. Se não o fossem, você acredita que fugiriam, como o fizeram, ao perceber que vinha alguém pela estrada? Pequena Fé poderia ter enfrentado os bandidos com coragem.

— Que eles eram covardes, eu não duvido, mas poucos pensam assim na hora da provação. Quanto à coragem, isso Pequena Fé simplesmente não tinha. Acho que qualquer pessoa que estivesse naquela situação também não ofereceria muita resistência. Na verdade, se agora que eles estão longe de nós você demonstra esse ânimo, talvez eles o forçassem a repensar a sua posição, caso você os encontrasse, como aconteceu àquele homem. Analise o seguinte: eles não passam de salteadores, que servem ao rei do abismo sem fundo. Se for preciso, o próprio rei sai em defesa desses bandidos, e sua voz é como a de um leão rugidor (1 Pedro 5:8). Eu mesmo me vi em situação semelhante à de Pequena Fé, e foi muito complicado. Os três bandidos me cercaram e, quando tentei resistir como cristão, gritaram por seu senhor, que atendeu prontamente. Por pouco, como diz o ditado, entreguei a alma por um tostão, mas, graças a Deus, eu usava uma armadura reforçada. E mesmo protegido, achei difícil ser corajoso. Só quem já experimentou essa situação é capaz de entender.

O PEREGRINO

— Mas eles correram, só por supor que o tal Graça Abundante se aproximava.

— Eles muitas vezes fogem, tanto eles quanto o seu senhor, diante do surgimento de Graça Abundante. Mas é fácil de entender, pois este é o defensor do Rei. Mas eu acho que você verá alguma diferença entre Pequena Fé e o defensor do Rei. Nem todos os súditos do Rei são seus defensores e, quando postos à prova, não são capazes de atos de guerra como ele. Será certo pensar que uma criancinha poderia vencer Golias como fez Davi? Ou que um pássaro tenha a mesma força de um boi? Alguns são fortes, outros fracos; alguns têm muita fé, outros têm pouca. Esse homem pereceu, pois tinha pouca fé.

— Esperava que Graça Abundante realmente tivesse aparecido ali para seu bem.

— Se fosse ele, certamente não teria tido pouco trabalho. Mesmo sendo Graça Abundante excelente com as suas armas e excepcional em atacar, se conseguissem superar as suas defesas — ainda que fosse Covardia, Desconfiança ou o outro, a luta certamente se tornaria acirrada, e eles poderiam derrubá-lo. E quando um homem está no chão, que se pode fazer? Quem examinar de perto o rosto de Graça Abundante verá as cicatrizes e os cortes que claramente demonstram o que acabei de dizer. Ouvi falar, certa vez, que ele chegou a dizer: "Perdemos a esperança da própria vida" (2 Coríntios 1:8). Como é que esses trapaceiros e seus capangas fizeram Davi gemer? — acrescentou Cristão. — Hemã e Ezequias também, embora defensores em seu tempo, foram forçados a lutar quando atacados por esses homens, e apesar de todos os seus esforços, foram derrotados. Pedro estava decidido a fazer tudo o que pudesse, mas, embora alguns digam que ele é o príncipe dos apóstolos, os homens tanto o pressionaram que afinal o fizeram temer uma pobre moça. Além disso, o seu Rei está sempre atento ao seu chamado. E dele se diz: "A espada que o atinge nada lhe faz,

JOHN BUNYAN

nem a lança nem a flecha nem o dardo. Ferro Ele trata como palha, e bronze como madeira podre. As flechas não o afugentam, as pedras das fundas são como cisco para Ele. O bastão parece fiapo de palha; o brandir da grande lança o faz rir" (Jó 41:26-29). O que pode um homem fazer nessa situação? — continuou Cristão — É verdade que, se um homem pudesse montar o cavalo de Jó, com aptidão e coragem para cavalgá-lo, poderia fazer coisas notáveis. "É você que dá força ao cavalo ou veste o seu pescoço com sua crina brilhante? Você o faz saltar como gafanhoto, espalhando terror com o seu orgulhoso resfolegar? Ele escarva com fúria, mostra com prazer a sua força, e sai para enfrentar as armas. Ele zomba do medo e nada teme; não recua diante da espada. A aljava balança ao seu lado, com a lança e o dardo. Num furor ele devora o chão; não consegue esperar pelo toque da trombeta. Sente cheiro de combate de longe, o brado de comando e o grito de guerra" (Jó 39:19-25). Soldados como nós — disse Cristão — não devem desejar encontrar o inimigo, nem se vangloriar de como poderiam fazer melhor, quando ouviram falar de outros que foram derrotados. Não devemos nos deixar empolgar pela ilusão de nossa própria masculinidade, pois esses geralmente se saem pior quando postos à prova. Veja Pedro, que já mencionei. Ele se gabava, seus vãos pensamentos fizeram acreditar que seria o melhor, que com mais ardor defenderia o seu Mestre, mais do que todos os homens. Mas quem mais do que Ele foi oprimido e derrotado por esses vilões? Quando ouvirmos falar desses roubos na estrada do Rei, duas coisas devemos fazer: primeiro, não esquecer o escudo, pois foi por falta disso que aquele que tão vigorosamente atacou o Leviatã não pôde subjugá-lo. Portanto, nos disse o perito: "Além disso, usem o escudo da fé, com o qual vocês poderão apagar todas as setas inflamadas do maligno" (Efésios 6:16). Segundo, devemos pedir proteção ao Rei. Por isso Davi exultou, mesmo estando no Vale da Sombra da Morte; e Moisés preferia morrer onde estava a dar sequer um passo a mais sem seu Deus. Se ele se dignar seguir

O PEREGRINO

conosco, que necessidade haverá de temermos dez mil homens? Mas sem ele, "os altivos auxiliadores sucumbem entre os mortos" (Isaías 10:4).

— Eu já lutei e por proteção do nosso Rei, ainda estou vivo — disse Cristão, em continuidade à sua reflexão —, mas não posso me vangloriar de minha virilidade. Feliz serei se não voltar a enfrentar tais ataques. Contudo, como o leão e o urso ainda não me devoraram, espero que Deus também nos liberte dos próximos filisteus incircuncisos.

Então Cristão recitou:

Trapaceado por ladrões, miserável Pequena Fé,
Vitorioso será aquele que crê e cultiva a fé.
E não só três vencerá,
Mas dez mil derrotará.

Assim seguiam, e Ignorância atrás. Caminharam até enxergar uma bifurcação, e os dois caminhos pareciam retos. Não sabiam qual trilha seguir. Então pararam para refletir. E enquanto ponderavam qual caminho tomar, eis que um homem de tez sombria, mas coberto com um manto muito claro, aproximou-se deles e perguntou por que estavam ali parados. Responderam que rumavam para a Cidade Celestial, mas não sabiam qual dos caminhos seguir.

— Então sigam-me — disse o homem. — É para lá que eu vou.

Seguiram por uma trilha que os desviava do caminho e, pouco a pouco, foram se afastando da cidade que tinham a intenção de alcançar. Sem perceber, o homem os fez cair em uma rede, e o sombrio desconhecido deixou o manto branco cair das suas costas. Viram então onde estavam. E ali ficaram lamentando-se por algum tempo, pois não tinham como livrar-se da rede.

— Os pastores nos aconselharam a ter cuidado com os aduladores. Hoje se cumpriu para nós o ditado do sábio: "Quem adula seu próximo está armando uma rede para os pés dele" (Provérbios 29:5).

— Eles também nos deram algumas orientações quanto ao caminho a seguir, mas nós ignoramos as instruções, e não nos afastamos das trilhas do destruidor. Nisso Davi foi mais sábio do que nós, pois disse: "Pela palavra dos teus lábios eu evitei os caminhos do violento" (Salmos 17:4). Então viram um ser resplandecente se aproximando, com um chicote de correia curta na mão. Chegando até onde estavam os dois, perguntou de onde vinham e o que faziam ali. Disseram a ele que eram peregrinos e que seguiam para Sião, mas foram desviados do caminho por um sombrio desconhecido, vestido de branco, que os convidou a segui-los, afirmando que para lá também seguia. O estranho disse:

— É um Adulador, um falso apóstolo que se transformou em anjo de luz.

Ele rasgou a rede e os deixou sair, mas disse:

— Sigam-me, para que eu os ponha de novo no caminho. E os levou de volta à estrada da qual haviam se afastado para seguir o Adulador.

Perguntou ainda:

— Onde passaram a noite?

— Com os pastores, nas Montanhas Aprazíveis — respondeu Cristão.

Perguntou a eles se tinham recebido dos pastores orientações sobre o caminho.

— Recebemos, sim.

— Não se deram ao trabalho de ler essas orientações?

— Não.

O PEREGRINO

— Por quê?

— Esquecemos.

— Mas os pastores não os aconselharam a tomar cuidado com o Adulador?

— Sim. Mas não percebemos que esse homem de fala elegante fosse o tal.

Vi em meu sonho que ele ordenou aos dois que se deitassem no chão. Deitados, castigou-os com força, para ensinar-lhes o bom caminho que deveriam trilhar. E disse:

— "Repreendo e disciplino aqueles que eu amo. Por isso, seja diligente e arrependa-se" (Apocalipse 3:19). Ele ordenou que retomassem o caminho e ficassem bem atentos às outras orientações dos pastores. Os dois agradeceram e, voltaram ao caminho, cantando:

Você que andas pelo caminho e observa,
Vê o que ganha quem se une à baderna!
Que se embaraça em laço, se expõe ao relho,
E não lembra o bom conselho.
Mesmo salvos, cuidado!
Pois saíram golpeados.

Depois de um tempo avistaram alguém que vinha solitário e tranquilo pela estrada na direção dos dois. Disse Cristão ao companheiro:

— Lá vem um homem que caminha em direção oposta à de Sião.

— Fiquemos atentos agora, pois talvez seja um adulador.

Chamava-se Ateu, e perguntou para onde seguiam.

— Vamos para o monte Sião.

Ateu deu uma gargalhada.

— Por que todo esse riso?

— Rio por ver que são ignorantes, provavelmente nada terão para compensar seus esforços senão a própria viagem.

— Acha que não seremos recebidos?

— Esse lugar com que vocês sonham simplesmente não existe.

— Não neste mundo, mas sim no que há de vir.

— Quando eu estava ainda em minha terra natal, ouvi isso que vocês agora me dizem e, curioso, saí para procurar, busco essa cidade há vinte anos, e nunca encontrei.

— Também ouvimos e acreditamos que existe esse lugar.

— Se eu não tivesse acreditado, não teria deixado a minha terra, mas nada encontrando, volto pelo mesmo caminho. Buscarei agora ânimo nas coisas que um dia desprezei, trocando-as por esperanças.

— Será verdade o que diz este homem? — perguntou Cristão ao companheiro.

— Acho que é um dos aduladores. Lembre-se do que já passamos por dar ouvidos a esse tipo de gente. E o que avistamos das Montanhas Aprazíveis? Não seria o monte Sião? E não devemos também andar na fé? Continuemos, para que o homem do chicote não nos castigue de novo. Você é quem deveria ter-me ensinado esta lição que sussurro agora no ouvido: "Se você parar de ouvir a instrução, meu filho, irá afastar-se das palavras que dão conhecimento" (Provérbios 19:27). Não lhe dê ouvidos; creiamos para a salvação da alma (Hebreus 10:39).

— Na verdade, não fiz essa pergunta porque duvidasse da nossa crença, mas para pô-lo à prova, e para arrancar de você o fruto da sinceridade de seu coração. Quanto a esse homem, sei que está cego pelo deus deste mundo. Seguimos, sabendo que cremos na verdade, e que nenhuma mentira pode vir da verdade (1 João 2:21).

O PEREGRINO

— Agora sim me alegro na esperança da glória de Deus. Afastaram-se então do homem, que, zombando deles, seguiu seu caminho.

Vi em meu sonho que caminharam até alcançar um país. O ar dessa terra deixava os forasteiros sonolentos. Esperançoso ficou bastante entorpecido.

— Sinto-me sonolento, tanto que mal consigo manter os olhos abertos. Vamos nos deitar e cochilar um pouco.

— Tenho receio de adormecer e jamais despertar.

— O sono é necessário ao homem laborioso.

— Você esqueceu que um dos pastores nos alertou sobre o Solo Enfeitiçado? Com isso ele quis dizer que não deveríamos dormir, portanto não vamos nos entregar ao sono como os outros, mas sim vigiar e permanecer sóbrios (1 Tessalonicenses 5:6).

— Se eu estivesse aqui sozinho, com certeza dormiria, talvez à custa de minha própria vida. Percebo ser verdade o que disse o sábio: "É melhor ter companhia do que estar sozinho" (Eclesiastes 4:9). Até aqui sua companhia tem sido uma bênção para mim, e com certeza você será recompensado por sua dedicação.

— Para espantar a sonolência, nada melhor do que uma boa conversa.

— É verdade.

— Por onde começamos?

— Por onde Deus começou conosco. Mas, por favor, comece você.

Os santos estão sonolentos,
Que ouçam o que dizem esses dois peregrinos atentos.
Aprendam com eles, dedicados,
Como manter alerta os olhos cansados.
A comunhão dos santos, os olhos no eterno,
Mantêm os fiéis longe do inferno.

JOHN BUNYAN

Nesse momento, Cristão perguntou:

— Como foi que você começou a pensar em agir como hoje?

— Você pergunta como comecei a buscar o bem de minha alma?

— Sim, é essa a minha pergunta.

— Passei muito tempo hipnotizado pelas coisas na nossa feira, coisas que, hoje acredito, teriam me arrastado à perdição e à destruição, caso nelas eu persistisse.

— Que coisas eram essas?

— As riquezas do mundo e também a desordem, as orgias, a bebida, os palavrões, a mentira, a impureza, a violação do sábado e muito mais. Tudo o que colaborava para a destruição da alma. Mas, ouvindo e refletindo sobre as coisas divinas, ouvindo você e também nosso saudoso Fiel, que foi morto por sua fé, finalmente descobri: "O fim delas é a morte" (Romanos 6:21) e que por causa dessas coisas a ira de Deus vem "sobre os que vivem na desobediência" (Efésios 5:6).

— Você então se deixou encantar pelo poder dessa convicção?

— Não me dispus logo de início a reconhecer a parcialidade do pecado, nem a condenação que acontece a quem a pratica, bem pelo contrário. Assim que a Palavra penetrou em minha mente, passei a empenhar-me por fechar os olhos à luz.

— Mas o que foi que o fez continuar naquela vida, mesmo diante dos primeiros esforços do bendito Espírito de Deus em você?

— Eu inicialmente ignorava que aquilo fosse a obra de Deus em mim. Nem imaginava que é pelo despertar para o pecado que Deus começa a conversão do pecador. Segundo, porque o pecado era ainda muito agradável à carne, e eu não queria abandoná-lo. Em terceiro lugar, não via como me separar de meus velhos amigos. E finalmente as horas em que essas convicções tomavam conta de mim eram tão dolorosas e tão aterrorizantes que o meu coração não podia suportá-las.

— Então, às vezes você se via livre dessa sua aflição.

— Exatamente, só que retornava à mente outra vez, e então eu ficava tão mal quanto antes.

— Mas o que é que o fazia relembrar os pecados de novo?

— Se eu encontrasse um bom homem nas ruas; ou se eu ouvisse alguém lendo a Bíblia; ou se a minha cabeça começasse a doer; ou se ficasse sabendo que algum vizinho meu estava doente; ou se eu ouvisse os sinos tocarem pelos mortos; ou se eu pensasse na morte. Mas principalmente quando eu pensava na hora do meu julgamento.

— E você conseguia se livrar com facilidade da culpa do pecado quando ela sobrevinha por algum desses meios?

— Com o passar do tempo não, pois essas coisas me dominavam a consciência cada vez mais rápido. Depois, se eu pensasse em voltar a pecar, o meu tormento era dobrado.

— O que você fez, então?

— Cheguei à conclusão de que eu deveria me corrigir, pois senão, seria condenado.

— E de fato se esforçou por corrigir-se?

— Com certeza. Fugi não só dos meus pecados, mas também dos meus amigos de pecado, e passei a me dedicar a deveres religiosos como a oração, a leitura e a levar a verdade ao próximo.

— E então passou a se sentir melhor?

— Por algum tempo, mas afinal a minha angústia novamente me afligiu, apesar de toda a renovação.

— Mas como, se você já estava renovado?

JOHN BUNYAN

— Por muitas razões, especialmente ao lembrar-me de coisas como estas: "Todos os nossos atos de justiça são como trapo imundo"; "Ninguém é justificado pela prática da Lei"; "Quando tiverem feito tudo o que for ordenado, devem dizer: 'Somos servos inúteis'" (Isaías 64:6; Gálatas 2:16; Lucas 17:10), além de muitas outras semelhantes. A partir disso, comecei a refletir: se todas as minhas justiças não passam de trapo imundo, se pelas obras da lei homem nenhum pode ser justificado, e se após ter feito tudo não passamos de servos inúteis, então é insano pensar em alcançar o Céu pela lei. Pensei também: se um homem tem dívida no comércio, mas depois passa a pagar à vista tudo o que compra, ainda assim sua antiga dívida permanece na caderneta, e por ela o comerciante pode processá-lo e mandá-lo para a prisão, até que esteja quitada.

— Bom, e como você aplicou isso a si mesmo?

— Por causa dos meus pecados acumulei uma dívida enorme no livro de Deus e, mesmo que agora esteja renovado, não conseguirei liquidar esse débito. Devo, portanto, pensar nisso o tempo todo, mesmo diante de tudo o que já fiz para corrigir-me. Mas como poderei me livrar da condenação por causa dos pecados do meu passado?

— Muito bem, ótimo o seu proceder. Mas, por favor, continue.

— Agora o que está me atormentando é que, ao observar o melhor que faço hoje, ainda vejo pecado. Então sou obrigado a concluir que, apesar dos bons conceitos que eu tinha de mim e dos meus deveres, a cada novo ato cometo pecado suficiente para ir para o inferno, mesmo que a minha vida anterior fosse imaculada.

— Mas o que você fez, então?

— Eu não sabia o que fazer, até o momento em que tive coragem para abrir o meu coração a Fiel, pois nos conhecíamos bem. Ele me disse que, a menos que eu obtivesse a justiça de um homem que jamais houvesse pecado, nem eu mesmo nem toda a justiça do mundo poderia me salvar.

— E você acredita que ele disse a verdade?

— Se ele tivesse dito isso quando eu estava contente e satisfeito com as minhas próprias reformas, certamente eu o teria julgado louco por seu esforço insano, mas como hoje percebo a minha própria insanidade, e o pecado que se une aos meus melhores atos, sou obrigado a concordar com ele.

— Mas, quando lhe sugeriu isso, você julgou que seria possível encontrar tal homem, de quem se podia dizer com justiça que jamais havia pecado?

— Inicialmente as palavras me soaram estranhas, mas depois de conversar com ele, fiquei convencido dessa verdade.

— Você perguntou que homem era esse, e como você poderia ser justificado por intermédio dele?

— Ele me disse que era o Senhor Jesus, que estava à direita do Altíssimo. E assim, disse Ele, a única saída é ser justificado por Ele, crendo naquilo que Ele mesmo fez nos tempos em que viveu entre nós, para depois sofrer e morrer na cruz. Perguntei também como é que a justiça desse homem poderia ser tão eficiente, a ponto de justificar outra pessoa perante Deus. E ele me disse que esse homem era o próprio Deus Todo-Poderoso, e o que Ele fez, enfrentando a própria morte, não foi por si mesmo, mas por mim, a quem se deveriam atribuir seus atos e a dignidade destes, desde que eu cresse nele.

— E o que você fez então?

— Levantei dúvidas a essa crença, pois pensava que Ele não estaria disposto a me salvar.

— E o que Fiel disse?

JOHN BUNYAN

— Encorajou-me a ir vê-lo. Eu disse que isso seria presunção da minha parte, mas ele disse que não, que eu estava convidado. Depois me deu um livro ditado por Jesus, para me encorajar a buscá-lo com mais liberdade. A respeito desse livro, disse-me ainda que nele cada letra e cada palavra eram mais firmes do que o céu e a terra. Então perguntei o que deveria fazer quando o encontrasse, e ele me respondeu que eu deveria ficar de joelhos e suplicar, com todo o meu coração e com toda a minha alma, que o Pai o revelasse a mim. Então perguntei como eu deveria fazer essa súplica. E ele disse: você vai encontrá-lo num propiciatório, onde Ele fica o ano inteiro para conceder o perdão àqueles que o procuram; e me mandou dizer isto: "Ó Deus, tem misericórdia de mim, pecador que sou, e faze-me crer em Jesus Cristo, pois sei que sem a sua justiça ou sem que eu tenha fé nessa justiça, certamente estarei perdido. Senhor, ouvi dizer que tu és um Deus compassivo, que determinaste que teu único Filho Jesus Cristo seria o Salvador do mundo, e que tu estás disposto a concedê-lo ao pecador miserável que sou. Senhor, aproveita esta oportunidade e manifesta a tua graça na salvação da minha alma, por meio do teu Filho Jesus Cristo. Amém".

— E então você fez o que ele lhe aconselhou?

— Sim, e muitas, muitas vezes.

— E o Pai certamente lhe revelou seu Filho...

— Não na primeira vez, nem na segunda, nem na terceira, nem na quarta, nem na quinta. Não. Não foi nem mesmo na sexta.

— O que você fez, então?

— Na verdade eu não sabia o que fazer.

— Não foi tentado a deixar de orar?

— Muitas vezes.

— E por que não o fez?

O PEREGRINO

— Eu acreditava que o que me disseram era verdade: que sem a justiça desse Cristo, nem mesmo o mundo todo poderia salvar-me. Então pensei: se esqueço tudo isso, morro; e no trono da graça o máximo que me acontecerá é também a morte. Assim, me veio esta ideia: "Se tardar, espera-o, porque certamente virá, não tardará" (Habacuque 2:3). Assim continuei orando até que o Pai enfim me revelasse seu Filho.

— E como foi que ele lhe revelou o Filho?

— Não o vi com os olhos físicos, mas com os olhos do entendimento. Um dia eu estava muito triste, essa tristeza me veio pela percepção da grandeza dos meus pecados. Então, quando eu já não esperava nada senão o inferno e a eterna perdição da minha alma, vi o Senhor Jesus olhar lá do Céu para mim, dizendo: "Creia no Senhor Jesus, e serão salvos, você e os de sua casa" (Atos 16:31). Respondi: "Senhor, sou um grande pecador." E Ele me disse: "Minha graça é suficiente para você" (2 Coríntios 12:9). Então falei: "Mas, Senhor, o que significa crer?". Então lembrei dessa passagem "Aquele que vem a mim nunca terá fome; aquele que crê em mim nunca terá sede" (João 6:35). Percebi que crer e vir são a mesma coisa, e que aquele que vem, ou seja, busca a salvação de Cristo com o coração e o afeto, esse de fato crê em Cristo. Pedi ainda: "Mas Senhor, será que um grande pecador como eu poderá de fato ser aceito e salvo por ti?". E o ouvi dizer: "Quem vier a mim eu jamais rejeitarei" (João 6:37). Falei então: "Mas como, Senhor, devo proceder contigo, quando for a ti, para que a minha fé se faça correta?". E Ele respondeu: "Cristo Jesus veio ao mundo para salvar os pecadores. Ele é o fim da lei para justiça de todo aquele que crê. Ele morreu pelos nossos pecados, e ressuscitou para nossa justificação. Ele nos ama, e por seu sangue nos libertou dos nossos pecados. Ele é mediador entre Deus e nós. Ele vive sempre para interceder por nós" (1 Timóteo 1:15; Romanos 10:4; 4:25; Apocalipse 1:5; 1 Timóteo 2:5; Hebreus 7:25). Concluí que devo procurar justiça na sua pessoa, e a expiação dos meus pecados pelo seu sangue. O que Ele fez em obediência à lei do seu Pai, submetendo-se ao castigo, não foi por si mesmo, mas por aquele que aceita esse sacrifício para sua salvação. E meu coração ficou cheio de alegria, os olhos lacrimejantes e a alma repleta de amor pelo nome, pela pessoa e pela obra de Jesus Cristo.

— Realmente foi uma revelação de Cristo a sua alma. Que efeito exerceu tudo isso sobre o seu espírito?

— Reconheci que o mundo inteiro, apesar de toda a sua justiça, está em um estado de condenação. Aprendi que, por ser justo, Deus Pai pode justificar, com retidão, o pecador que busca Jesus. Fiquei envergonhado da iniquidade da minha vida anterior, fazendo-me conhecer e sentir a minha própria ignorância. Nunca tivera no coração sentimento que me revelasse a maravilhosa obra de Jesus Cristo. Fez-me amar a vida de santidade, e desejar fazer algo para honra e glória do nome do Senhor Jesus. Pensei: Se eu tivesse mil litros de sangue no meu corpo, derramaria tudo pelo amor ao Senhor Jesus.

Vi em meu sonho que Esperançoso caminhava olhando para trás. E viu Ignorância se aproximando, aquele homem que já haviam encontrado antes no caminho.

— Olhe lá — disse ele a Cristão. — Veja só o quanto este homem se retardou pelo caminho.

— Não me agrada a companhia desse homem.

— Mas, acredito que não lhe faria mal se nos tivesse acompanhado.

— Mas tem certeza de que ele pensa de outro modo.

— Concordo. Seja como for, esperemos um pouco por ele.

Cristão o chamou:

— Vamos, homem, por que é que você se distanciou?

— Prefiro caminhar sozinho, a menos que goste mais da companhia. Cristão sussurrou a Esperançoso:

— Eu sabia que ele pouco se importa com a nossa companhia. Mas assim mesmo vamos tentar conversar, pois este lugar aqui é muito solitário.

Dirigindo-se a Ignorância, falou:

— Como está a relação de sua alma com Deus?

— Espero que vá bem, pois estou sempre repleto de bons pensamentos que me vêm à mente para me consolar na caminhada.

— Que bons pensamentos são esses?

— Penso em Deus e no céu.

— Também os demônios e as almas pensam como você.

— Pois não só penso neles, mas os desejo.

— A alma do preguiçoso deseja e nada consegue (Provérbios 13:4).

— Mas não só penso neles, pois abandono tudo por eles.

— Abandonar tudo é difícil. Mas o que o fez pensar que você abandonou tudo por Deus e pelo céu?

— Quem me diz isso é o meu coração.

— Diz o sábio: "Quem confia em si mesmo é insensato" (Provérbios 28:26).

— Isso se diz de um coração mau, mas o meu é bom.

— Você pode provar isso?

— Ele me consola com a esperança do céu.

— Isso talvez seja um engano, pois o coração do homem pode consolá-lo com esperanças de algo que ele não tem por que esperar.

JOHN BUNYAN

— Mas o meu coração e a minha vida estão em harmonia, e, portanto, essa esperança é bem estabelecida.

— Quem foi que disse que o seu coração e a sua vida estão em harmonia?

— O meu próprio coração.

— Então, pergunte a ele se eu sou um ladrão! Seu coração certamente lhe dirá que sim! A menos que a Palavra de Deus dê testemunho a esse respeito, qualquer outro testemunho não tem valor.

— Mas os bons pensamentos não emanam de um bom coração? E não é santa a vida que está de acordo com os mandamentos de Deus?

— É de um bom coração que emanam os bons pensamentos, e disso certamente procede o santo viver, conforme aos mandamentos de Deus. Mas uma coisa é vivenciar isso, outra bem diferente é só imaginar que é assim.

— Ora, para você o que são bons pensamentos e um viver conforme aos mandamentos de Deus?

— Há bons pensamentos de vários tipos. Alguns a respeito de nós mesmos, outros de Deus, outros de Cristo e ainda outros a respeito de coisas diferentes.

— E quais são os bons pensamentos a respeito de nós mesmos?

— Os que concordam com a Palavra de Deus.

— E quando é que os nossos pensamentos a respeito de nós mesmos concordam com a Palavra de Deus?

— Quando fazemos de nós o mesmo juízo que faz a Palavra. A Palavra de Deus diz o seguinte das pessoas em estado natural: "Não há nenhum justo, nem um sequer; não há ninguém que faça o bem" (Romanos 3:10,12). Diz também: "Que toda inclinação dos pensamentos do seu coração era sempre e somente para o

156

mal" (Gênesis 6:5). E ainda: "Seu coração é inteiramente inclinado para o mal desde a infância" (Gênesis 8:21). Quando é isso que pensamos de nós, com absoluta consciência, então nossos pensamentos são bons, pois estão conforme a Palavra de Deus.

— Jamais poderei acreditar que o meu coração seja assim tão cruel.

— Então você nunca teve sequer um único bom pensamento a seu próprio respeito. Mas permita-me prosseguir. Assim como a Palavra faz juízo do nosso coração, também o faz em relação aos nossos caminhos. Então, quando os pensamentos do nosso coração e os nossos caminhos concordam com o juízo que a Palavra faz de ambos, então ambos são bons, pois concordam com a Palavra.

— Poderia explicar melhor?

— A Palavra de Deus declara que os caminhos do homem são tortuosos e perversos. Diz que os homens naturalmente se afastam do bom caminho, que muitas vezes eles nem mesmo conhecem. Quando o homem considera assim os seus caminhos, ou seja, quando ele, humilhando-se em seu coração, reflete desse modo, aí sim ele tem bons pensamentos a respeito de seus caminhos, pois agora estão de acordo com o juízo da Palavra de Deus.

— E quais são os bons pensamentos a respeito de Deus?

— Como já disse a respeito de nós mesmos, os nossos pensamentos a respeito de Deus são bons quando concordam com o que a Palavra diz dele. E isso acontece quando pensamos em seu ser e em seus atributos segundo o que a Palavra nos ensina. Neste momento, não posso explicar com detalhes. Mas falando de Deus com respeito a nós, só temos pensamentos corretos a respeito de Deus quando pensamos que ele nos conhece melhor do que nós mesmos, e que ele pode ver em nós o pecado quando não podemos. Quando acreditamos que Deus conhece os nossos pen-

JOHN BUNYAN

samentos mais íntimos, e que o nosso coração, com todas as suas profundezas, está sempre aberto aos seus olhos, nossos pensamentos estão corretos a respeito de Deus. Também quando pensamos que toda a nossa justiça é abominável a Deus, e que, portanto, ele não pode tolerar que nos coloquemos diante d'Ele com confiança alguma em nossas obras, mesmo nas melhores.

— Você por acaso acha que sou ignorante a ponto de pensar que Deus não pode ver mais além do que eu? Ou que eu me apresentaria diante de Deus com orgulho de minhas melhores obras?

— O que então você pensa disso?

— Acredito que devemos crer em Cristo para sermos salvos.

— Como é que você pensa que deve crer em Cristo se não enxerga a necessidade que você tem dele? Você não vê nem as suas fraquezas originais nem as atuais, mas mesmo assim tem essa opinião de si mesmo, e do que faz. Isso prova que você nunca percebeu a necessidade de a justiça pessoal de Cristo justificá-lo perante Deus. Como você diz então: "Eu creio em Cristo"?

— Creio, sim, e muito, apesar disso tudo.

— E como você crê?

— Creio que Cristo morreu pelos pecadores e que serei justificado perante Deus, ficando livre da maldição. E tudo por sua aceitação de minha obediência a sua lei. Ou melhor: Cristo torna os meus deveres religiosos aceitáveis ao seu Pai por causa de seus méritos, sendo eu assim justificado.

— Vou contestar essa sua confissão de fé: Primeiro, você crê com fé imaginária somente, pois essa fé não se encontra descrita em nenhum lugar da Palavra. Segundo, a fé em que se baseia sua crença não é verdadeira, porque você aplica a justificação da justiça pessoal de Cristo a sua própria justiça. Terceiro, essa fé não faz de Cristo justificador de sua pessoa, mas de seus atos, o que é não é verdadeiro. E em quarto lugar, essa fé não só é enganosa, e atrairá a ira no dia do Deus Todo-Poderoso, pois a verdadeira fé justificadora faz que a alma procure refúgio na justiça de Cristo. Essa é a justiça, afirmo, que a verdadeira fé aceita. É debaixo dela que a alma se esconde, e é por causa dela que a alma se apresenta imaculada perante Deus, sendo então reconhecida e resgatada da condenação.

— Então você quer que acreditemos somente no que Cristo fez, sem a nossa colaboração? Essa pretensão afrouxaria as rédeas de nossas paixões, permitindo que vivamos como bem quisermos. Afinal, se assim é, o que importa como vivemos se depois seremos justificados pela justiça pessoal de Cristo, bastando para isso apenas crer nela?

— Você merece o seu nome: Ignorância. Essa sua resposta demonstra o que digo. Você ignora a justiça justificadora, e também como pode salvar sua alma, por essa fé, da ira de Deus. Você ignora também as verdadeiras consequências da fé salvadora na justiça de Cristo, que significa curvar e se oferecer o coração a Deus em Cristo, amar o seu nome, a sua palavra, os seus caminhos e o seu povo, mas não como você, em sua ignorância, imagina.

— Pergunte a ele se algum dia Cristo já foi revelado do céu — disse Esperançoso.

— Temos aqui então um homem de revelações? Acredito que aquilo que vocês dois, e todos os outros como vocês, dizem sobre essa questão não passa do fruto de mentes amarguradas.

— Cristo está em Deus de um modo tão incompreensível às inquietações naturais de toda carne que homem nenhum pode conhecê-lo de uma maneira salvadora, a não ser que Deus-Pai o revele ao homem.

— Essa é a sua fé, não a minha. Mas a minha é tão boa quanto a de vocês, embora eu não traga na alma tantos caprichos como vocês trazem.

Cristão interveio:

— Você não deveria falar com tanto desprezo sobre esse assunto. Reafirmo o que meu companheiro disse: homem nenhum pode conhecer Jesus Cristo senão pela revelação do Pai. E digo mais: a fé, pela qual a alma se agarra a Cristo, deve vir necessariamente pela grandeza do poder divino. Mas noto que você não entende dessa fé. Perceba a sua própria perversidade e busque refúgio no Senhor Jesus, pois, pela justiça de Cristo, que é a justiça de Deus, você será libertado da condenação.

— Vocês andam muito rápido. Não consigo acompanhá-los. Vão então na minha frente.

Então os dois disseram:

Ignorância despreza o conselho dado,
Se mostrando totalmente insensato.
Recusando o conselho, logo saberá, é certo,
O mal que se faz não dormindo, mas desperto.
Não tema, tempo ainda há,
Pois quem acata o bom conselho salvo será.

Vi em meu sonho que os dois apertavam o passo, enquanto Ignorância ficava para trás.

E Cristão falou ao companheiro:

— Tenho muita pena desse infeliz.

— Mas há muitos e muitos como ele em nossa cidade, famílias inteiras. Quantos também não são os peregrinos que se acham nessa situação! Imagine você: se tantos dos nossos estão assim, quantos não haverá na terra natal desse homem!

O PEREGRINO

— De fato diz a Palavra: "Cegou os seus olhos [...] para que não vejam" (João 12:40). Mas agora que estamos sós, o que é que você acha desses homens? Será que nunca têm convicção de seu pecado?

— Peço que você mesmo responda a essa pergunta, já que é o mais experiente.

— Acredito que, às vezes eles até podem ter tal convicção, mas, sendo naturalmente ignorantes, não compreendem que ela trabalha para o seu bem. Assim, tentam desesperadamente ignorá-la, e exaltam-se segundo os caminhos do seu próprio coração.

— Acredito no que você diz, que o medo muito trabalha para o bem dos homens, para corrigi-los na própria raiz, levando-os à peregrinação.

— Sem dúvida é assim que age o medo, sendo ele correto. Pois assim prega a Palavra: "O temor do Senhor é o princípio da sabedoria" (Salmos 111:10; Provérbios 9:10).

— E como você definiria o medo correto?

— O medo verdadeiro, ou correto, se revela em três coisas. Primeiro, em sua origem, pois é provocado pela salvadora convicção do pecado. Segundo, ele leva a alma a agarrar-se a Cristo buscando a salvação. E terceiro, ele gera e conserva na alma grande reverência por Deus, por sua palavra e por seus caminhos, conservando a alma boa e incutindo também o receio de se distanciar desses caminhos, seja para a direita ou para a esquerda, ou de fazer qualquer coisa que desonre a Deus, viole a paz da alma, entristeça o Espírito ou faça o inimigo falar com censura nos lábios.

— Será que já saímos do Solo Enfeitiçado?

— Por quê? Cansou-se já da nossa conversa?

— Não, de modo nenhum. Mas queria saber onde estamos.

JOHN BUNYAN

— Ainda temos uns três quilômetros pela frente antes de sair destas terras. Mas retomemos o assunto. Os ignorantes não sabem que essas convicções incutem um medo que é para o seu próprio bem, e por isso procuram sufocá-las.

— E como tentam sufocá-las?

— Em primeiro lugar, eles pensam que esses temores são gerados pelo diabo, quando na verdade são incutidos por Deus. Pensando assim, buscam resistir a eles, pois julgam que os temores poderão levá-los à ruína. Em segundo lugar, também supõem que esses temores possam corromper a sua fé, quando na verdade, não possuem fé nenhuma. Sendo assim, endurecem seu coração contra eles. Em terceiro lugar, acreditam que não devem temer, e, portanto, apesar de seus temores, tornam-se confiantes. Por último, acham que esses temores podem desonrar a sua antiga falsa santidade, e lutam com todas as suas forças.

— Antes de me convencer disso, também aconteceu comigo.

— Deixemos agora de lado o nosso caro Ignorância, e tratemos de outra questão importante.

— Gostaria de saber do que se trata.

— Há cerca de dez anos, você por acaso não conheceu um homem chamado Temporário, que na época era importante dentro da religião em nossa terra?

— Ele morava em Desventura, cidade a cerca de três quilômetros de Honestidade. E era vizinho de um homem chamado Recuo.

— Exatamente. Só que os dois moravam na mesma casa. Temporário um dia viveu um grande despertar. Creio que ele então reconheceu seus pecados e o castigo que sofreria por eles.

— Concordo com você, pois a minha casa não ficava nem a cinco quilômetros da dele, e vinha me visitar. Eu sentia pena do

O PEREGRINO

homem, mas tinha alguma esperança por ele. Porém, como se sabe, nem todos os que clamam "Senhor, Senhor" serão salvos.

— Ele me disse que estava decidido a partir em peregrinação, mas conheceu um certo Salve-a-si-mesmo, e então desistiu.

— Já que estamos falando dele, vamos ver a razão da sua regressão e de tantos outros.

— Certamente será um debate muito proveitoso. Mas comece você, por favor — disse Cristão.

— Há quatro razões para tal. A primeira é que, embora a consciência desses homens tenha despertado, seus pensamentos não mudaram. Quando o poder da culpa termina, cessa o que os tornava religiosos. Assim voltam a sua antiga conduta, pois não vemos que o cão indisposto por algo que comeu, enquanto a indisposição o acomete, vomita e lança tudo fora? Não que o faça por raciocinar livremente, mas apenas porque era algo que lhe desarranjava o estômago. Quando, porém, passa o mal-estar, e seu estômago se alivia, não estando seus desejos alheios ao próprio vômito, ele logo se vira e lambe tudo de volta. Por isso é verdade o que está escrito: "O cão volta ao seu próprio vômito" (2 Pedro 2:22). Portanto, se arde o seu desejo pelo céu em virtude apenas da ideia e do medo dos tormentos do inferno, quando a ideia do inferno passa e os medos da perdição dissipam, também dissipam os desejos pelo céu e pela salvação. Isso quer dizer que, ao esgotarem a culpa e o medo, esgota também o desejo pelo céu e pela felicidade, voltando eles aos seus caminhos tortuosos. Em segundo lugar, eles são dominados por medos tirânicos. Falo agora dos medos que têm dos homens: "Quem teme o homem cai em armadilhas" (Provérbios 29:25). Assim, embora pareçam arder de desejo pelo céu enquanto as labaredas do inferno lambem as suas orelhas, quando o terror enfraquece, eles mudam de opinião: ou seja, pensam que o melhor é ser perspicaz, não correr o risco de perder tudo, ou, ao menos, de trazer para si aflições dispensáveis. E novamente se entregam

JOHN BUNYAN

ao mundo. Em terceiro lugar, a vergonha que acompanha a religião também é um obstáculo no caminho deles, pois são orgulhosos e soberbos, e a religião aos seus olhos é desprezível. Portanto, depois de perder o medo do inferno e da ira, voltam a suas antigas práticas. Em quarto lugar a culpa e a ponderação do terror os afligem. Não gostam de olhar a própria miséria antes que ela os alcance, embora a primeira visão dessa miséria pudesse fazê-los buscar abrigo no lugar para onde escapam os justos buscando segurança; mas isso só se tiverem amor por essa visão. Contudo, como já sugeri antes, eles na verdade evitam a ideia de culpa e terror, e, quando estão livres do despertar para o terror e da ira de Deus, é com alegria que tornam o coração insensível, preferindo os caminhos que cada vez mais o endureçam.

— Você está quase no centro da questão — observou Cristão —, pois a razão de tudo é a falta de transformação nos pensamentos e na vontade. Eles são parecidos com o criminoso diante do juiz: tremem e parecem se arrepender, mas a razão de tudo é o medo da forca, e não a aversão ao crime. Isso se torna evidente, pois basta dar ao homem a liberdade que ele logo volta a roubar. Porém, se sua mente se transforma, ele passa a proceder de outro modo.

— Acabei de lhe mostrar as razões do retrocesso. Agora peço que me mostre como isso acontece — pediu Esperançoso.

— Primeiro, eles afastam os seus pensamentos, da lembrança de Deus, da morte e do juízo. Depois, se desvencilham aos poucos dos deveres privados, como a oração individual, o refreio das paixões, a vigília e o arrependimento do pecado. Em terceiro lugar, passam a evitar a companhia dos cristãos. Em seguida, tornam-se esquivos aos deveres públicos, como ouvir, ler e discutir assuntos piedosos. Passam então a procurar defeitos na vida dos piedosos, e, usando como pretexto alguma fraqueza que tenham observado nos outros, tratam de se ver livres da religião. Depois começam a

JOHN BUNYAN

se reunir com homens carnais, libertinos, devassos. Muito se alegram quando enxergam o mesmo defeito em gente considerada honesta, para que assim possam seguir seu exemplo. Depois disso, começam a praticar pecados abertamente e, por fim, insensíveis, revelam-se o que realmente são. Lançados assim outra vez na miséria, a menos que um milagre da graça o evite, perecem para sempre em seus próprios equívocos.

Vi em meu sonho que a essa altura os peregrinos deixavam o Solo Enfeitiçado e entravam na terra da Desposada, de ar adocicado e aprazível.

Como o caminho atravessasse essa terra, ali puderam descansar. Ouviam o canto dos pássaros, flores brotando da terra. Nessa terra, o sol brilha noite e dia, pois já estavam além do Vale da Sombra da Morte e fora do alcance do gigante Desespero. Desse lugar não se avistava o Castelo da Dúvida. Dali já enxergavam a cidade para onde se dirigiam. Também encontraram alguns de seus habitantes, pois nessa terra, já às portas do céu, os seres resplandecentes costumavam caminhar. Foi ali também que se renovou a aliança entre a noiva e o noivo, e assim como o noivo se alegra da noiva, também o seu Deus deles se alegra (Isaías 62:5). Ali tinha trigo e vinho em abundância. Ouviam vozes vindas da cidade, que diziam: "Digam à filha de Sião: Veja! O seu Salvador vem! Veja! Ele traz a sua recompensa" (Isaías 62:11). Todos os habitantes da terra os chamavam assim: "Povo santo, redimidos do Senhor, procurados" (Isaías 62:12). Caminhando por essa terra, tinham mais alegria do que em outras partes mais distantes do reino pelas quais seguiram e, à medida que se aproximavam da cidade, tinham dela uma vista cada vez mais perfeita. Era toda de pérolas e pedras preciosas. As ruas eram de ouro, de modo que, devido a glória natural da cidade e do reflexo dos raios solares sobre ela, Cristão desmaiou de tanto desejo. Esperançoso também desmaiou. Por isso foram obrigados a parar por algum tempo, gritando em meio

O PEREGRINO

a tanta ansiedade: "Se encontrarem o meu amado, digam a ele que estou doente de amor" (Cânticos 5:8). Mas, já um pouco fortalecidos e capazes de tolerar essa ansiedade, voltaram a caminhar. E, caminhando, aproximavam-se cada vez mais de pomares, vinhedos e jardins e portões abertos à estrada. Aproximando desses lugares, viram um jardineiro no caminho, e a ele perguntaram:

— De quem são estes belos vinhedos e jardins?

— São do Rei e foram plantados aqui para deleite dele mesmo, e também para consolo dos peregrinos.

Então os levou aos vinhedos. Também mostrou as veredas do Rei, onde Ele gostava de ficar. Ali também se recostaram e dormiram.

Vi em meu sonho que conversaram dormindo, como nunca haviam feito em toda a jornada. Tendo notado isso, disse-me o jardineiro:

— Por que você está tão admirado com isso? É da natureza das uvas desses vinhedos descer docemente, fazendo falar os lábios dos que dormem (Cânticos 7:9). Depois vi que, ao acordarem, estavam decididos a subir até a cidade. Mas, como já disse, os reflexos do sol sobre ela, pois "a cidade é de ouro puro" (Apocalipse 21:18), eram tão ofuscantes que não conseguiam fitá-los diretamente, apenas com um instrumento especial para essa finalidade. Então vi que, caminhando, encontraram dois homens vestidos com roupas brilhantes como ouro, cujos rostos também resplandeciam como a luz. Os homens perguntaram aos peregrinos de onde vinham, e eles responderam. Perguntaram também onde se haviam hospedado, quais os perigos, consolos e prazeres encontraram pelo caminho, e eles responderam. Então lhes disseram os homens:

— Só restam duas dificuldades a superar e, depois, já estarão na cidade.

JOHN BUNYAN

Cristão e seu companheiro pediram aos homens que os acompanhassem, e eles concordaram.

— Só que vocês terão de vencer pela sua própria fé.

Vi em meu sonho que foram caminhando juntos até avistarem o portão. Vi, entre eles e o portão, um rio sem ponte que levasse até a outra margem. O rio era muito profundo, os peregrinos ficaram preocupados. Mas os homens que os acompanhavam disseram:

— Precisam atravessá-lo. É o único meio de chegar até o portão. Os peregrinos perguntaram se não havia outro caminho que conduzisse até o portão.

— Apenas Enoque e Elias conseguiram trilhar esse caminho desde a fundação do mundo. E ninguém mais terá tal permissão até o soar da última trombeta.

Os peregrinos, em especial Cristão, desanimaram, e, olhando de um lado e de outro, não viam alternativa que permitisse contornar o rio. Perguntaram aos homens se as águas eram profundas em toda a extensão do rio, e eles responderam que não, mas que não poderiam ajudá-los nesse momento.

— Vocês o acharão mais fundo ou mais raso dependendo da sua fé no Rei.

Decidiram entrar na água; e, entrando, Cristão começou a afundar, clamando então ao amigo Esperançoso:

— Afundo em águas profundas, as vagas me encobrem a cabeça, todas as suas ondas passam por cima de mim.

Esperançoso, então, falou:

— Se anime, meu irmão. Sinto o fundo, e é bom.

— Ah, meu amigo, as angústias da morte me envolveram — disse Cristão. — Não verei a terra que mana leite e mel.

O PEREGRINO

E grande treva e terror desceram sobre Cristão, tanto que mais nada via a sua frente. Perdeu os sentidos, não mais podendo lembrar-se nem falar sensatamente de nenhuma das remissões que encontrara ao longo da peregrinação, pois todas as palavras que falava revelavam o horror e os profundos temores de que morreria naquele rio, sem alcançar a entrada do portão. Ele também se debatia em meio às perturbadoras lembranças dos pecados que cometera, antes e depois de se tornar peregrino. Observou-se ainda que o assombravam aparições de espíritos malignos, de vez em quando o sugeria em palavras. Esperançoso, portanto, se esforçava por manter a cabeça do companheiro acima da água. Mas às vezes ele afundava, para em seguida erguer-se novamente quase morto. Esperançoso também tentava consolá-lo. Dizia:

— Irmão, já vejo o portão adiante, e há homens ali de pé para nos receber.

Mas Cristão respondia:

— É você quem eles estão esperando. Pois tem sido Esperançoso desde que o conheci.

— E você também — respondeu.

— Ah, irmão! Se eu tivesse me portado com equidade, Ele agora surgiria para me ajudar, mas Ele me enredou no laço pelos meus pecados e me abandonou.

— Meu irmão, você se esqueceu do livro, onde se diz dos ímpios: "Eles não passam por sofrimento e têm o corpo saudável e forte. Estão livres dos fardos de todos; não são atingidos por doenças como os outros homens" (Salmos 73:4-5). Esses tormentos e aflições que você sofre nessas águas não são sinais de que Deus o abandonou, mas pretendem colocá-lo à prova, para ver se você se lembrará ou não daquilo que até aqui recebeu da sua bondade, confiando nele em meio a toda essa agonia.

JOHN BUNYAN

Vi em meu sonho que Cristão ficou absorto por alguns momentos; e Esperançoso disse ainda, incentivando-o:

— Anime-se. Jesus Cristo curou você.

Cristão explodiu aos berros:

— Ó, novamente o vejo! E Ele me diz: "Quando você atravessar as águas, eu estarei com você; quando você atravessar os rios, eles não o encobrirão" (Isaías 43:2).

Então os dois criaram coragem, e o inimigo, depois disso, se fez mudo como pedra, até alcançarem a outra margem. Cristão imediatamente encontrou apoio para os pés no leito do rio, e o resto da travessia se deu em águas rasas. Na outra margem do rio, viram os dois seres resplandecentes, que ali os aguardavam. Saindo da água, foram saudados por eles:

— Somos espíritos ministradores, enviados para servir àqueles que hão de ser herdeiros da salvação. Assim se dirigiram ao portão. Ora, o leitor deve notar que a cidade ficava sobre um monte grandiosidade, mas os peregrinos o escalaram com facilidade, pois os dois homens os levavam pelo braço. Tinham deixado lá atrás no rio as suas vestes mortais, pois embora tenham entrado nas águas com elas, ao sair já não as traziam no corpo. Subiram com agilidade, embora a fundação em que se assentava a cidade fosse mais alta que as nuvens. Atravessavam as alturas, suavemente conversando pelo caminho, consolados por terem passado o rio em segurança e pela companhia e o auxílio de seres tão gloriosos. Com os seres resplandecentes conversaram sobre a glória do lugar, e eles disseram que a beleza e a glória eram simplesmente indizíveis.

— Vejam o monte Sião, a Jerusalém celeste, o exército dos anjos e os espíritos aperfeiçoados dos homens justos. Agora vocês irão para o paraíso de Deus, onde verão a Árvore da Vida e comerão de seus frutos eternos. Quando chegarem, receberão mantos brancos e viverão todos os dias ao lado do Rei, por toda a eternidade.

O PEREGRINO

— Jamais verão as coisas que viram quando estavam nas regiões inferiores da terra: como a tristeza, a doença, a aflição e a morte, "pois a antiga ordem já passou" (Apocalipse 21:4). Vocês estão indo para o convívio de Abraão, Isaque e Jacó, e os profetas, dos homens que Deus libertou do mal que virá e que hoje repousam nos seus leitos, cada qual andando na sua justiça. Perguntaram os peregrinos:

— O que devemos fazer no lugar santo?

— Lá receberão consolo por todos os seus esforços e terão alegria que compensará todos os seus pesares; colherão o que plantaram, o fruto de todas as suas orações, lágrimas e sofrimentos pelo Rei ao longo do caminho. Usarão coroas de ouro e desfrutarão da eterna visão do Santo, porque ali o verão como Ele é (1 João 3:2).

— Ali também servirão, com louvores, com brados e ações de graça, aquele que desejaram servir no mundo, embora com muito mais dificuldade por causa da debilidade da carne. Os seus olhos se deleitarão com a visão, e os ouvidos com a audição da suave voz do Poderoso. Conviverão com os seus amigos que chegaram antes de vocês e receberão com afeto cada um que chegar depois de vocês ao lugar santo. Ali também se revestirão de glória e majestade, e terão vestes adequadas para andar ao lado do Rei da Glória.

— Quando Ele descer das nuvens ao som da trombeta, sobre as asas do vento, vocês poderão recebê-lo, e quando Ele se sentar no trono do juízo, estarão ao lado dele. Quando Ele decretar a sentença dos trabalhadores da iniquidade, sejam anjos, sejam homens, vocês também terão voz no julgamento, pois esses eram não só inimigos dele, mas também de vocês. Quando Ele voltar à cidade, também vocês voltarão com Ele, ao som da trombeta, e lá para permanecerão.

Quando estavam próximos ao portão, um destacamento do exército celeste saiu para recebê-los. Disseram então os dois seres resplandecentes:

JOHN BUNYAN

— Eis aqui homens que amaram nosso Senhor quando viviam no mundo e que tudo abandonaram pelo seu Santo Nome. Ele nos enviou para buscá-los e nós os trouxemos até aqui nessa caminhada, para que possam entrar e olhar para a face do seu Redentor com alegria.

Então o exército celeste soltou um forte brado, dizendo:

— Felizes os convidados para o banquete do casamento do Cordeiro (Apocalipse 19:9). Também vieram recebê-los os trombeteiros do Rei, vestindo roupas brancas e resplandecentes. Esses, com sons melodiosos, faziam até mesmo os céus ecoarem a música. Os trombeteiros saudaram Cristão e seu companheiro com dez mil boas-vindas, com brados e o soar de trombetas. Depois cercaram os peregrinos, alguns pela frente, outros por trás, alguns à direita, outros à esquerda, para escoltá-los até as regiões superiores e, durante o trajeto, soavam as trombetas. Era como se o próprio céu descesse para recebê-los. Assim caminhavam juntos e, no percurso, os trombeteiros demonstravam com alegres notas, combinando o som com olhares e gestos, o quanto Cristão e seu irmão eram bem-vindos. Os dois peregrinos se viam no céu antes de entrar, extasiados que estavam pela visão dos anjos e pela audição da música. Avistavam a própria cidade e julgaram ouvir todos os sinos repicando como sinal de boas-vindas. Mas, acima de tudo, estava a expectativa que tinham de lá viver ao lado de tão boa companhia, e isso pelos séculos dos séculos. Com que língua ou pena se pode expressar júbilo tão glorioso? E assim chegaram ao portão. Diante do portão, lia-se em letras douradas: "Bem-aventurados os que lavam as suas vestimentas no sangue do Cordeiro, para que tenham o direito à Árvore da Vida e entrem na cidade pelas portas" (Apocalipse 22:14).

Vi em meu sonho que os homens resplandecentes diziam que chamassem diante do portão, o que eles fizeram. Alguns lá de

172

cima olharam por sobre o portão, Enoque, Moisés e Elias, entre outros, e ouviram:

— Esses peregrinos vêm da Cidade da Destruição, pelo amor que têm ao Rei deste lugar. Cada um dos peregrinos entregou o seu pergaminho, aquele que haviam recebido no início, e os certificados foram levados até o Rei, que, após lê-los, indagou:

— Onde estão os homens?

— Estão diante do portão — foi a resposta. O Rei imediatamente mandou abrir a porta.

— Que entre a nação justa, que guarda a fidelidade (Isaías 26:2).

Vi em meu sonho os dois homens passando pelo portão, e eis que, entrando, receberam vestes que resplandeciam como ouro. Também alguns os receberam com harpas e coroas: a harpa para o louvor e as coroas como sinal de honra.

Nesse momento, ouvi em meu sonho que todos os sinos da cidade repicavam de júbilo, e aos peregrinos disseram: "Participe da alegria do seu Senhor" (Mateus 25:21). Ouvi também que os próprios peregrinos cantavam:

— Àquele que está assentado no trono e ao Cordeiro, sejam o louvor, a honra, a glória e o poder para todo o sempre! (Apocalipse 5:13). Enquanto os portões estavam abertos para a entrada dos dois peregrinos, acompanhei-os com o olhar, e a cidade brilhava como o sol. As ruas também eram revestidas de ouro, e nelas caminhavam muitos homens com coroas na cabeça, ramos nas mãos e harpas douradas para cantar louvores. Havia também seres alados, que respondiam uns aos outros sem interrupção, dizendo: "Santo, Santo, Santo é o Senhor". Mas logo se fecharam os portões. E depois de observar tudo aquilo, desejei estar entre eles. Ora, enquanto eu admirava todas essas coisas, olhei para trás e vi Ignorância à beira do rio. Logo cruzou as águas, sem nem metade da dificuldade com que se debateram os outros dois, pois eis que ele encontrou ali a Vã Esperança, barqueiro, que com seu barco o ajudou a atravessar o rio. Assim também ele, como os outros dois que vi, subiu o monte e se encaminhou ao portão, mas sozinho. Nem um homem sequer o recebeu, nem ouviu palavras de ânimo. Chegando diante do portão, viu a inscrição no alto e começou a bater, pensando que entraria. Mas os homens que olhavam por cima do portão perguntaram:

— De onde você vem e o que quer?

— Comi e bebi na presença do Rei, e ele ensinou pelas nossas ruas.

Pediram o pergaminho, para que pudessem levá-lo ao Rei. Procurou documento, mas nada encontrou.

— Não tem nada?

Mas o homem nada dizia. Então chamaram o Rei, que não quis descer para vê-lo, mas chamou os dois seres resplandecentes que conduziram Cristão e Esperançoso e ordenou que fossem lá fora amarrar os pés e as mãos de Ignorância. Eles o agarraram e o levaram pelos ares até a porta que vi na encosta do morro, atirando-o lá dentro. E vi assim que, também dos portões do céu, não só da Cidade da Destruição, havia um caminho até o inferno.

Despertando, porém, vi que tudo não passara de um sonho.

CONCLUSÃO

Caro leitor, acabo de narrar o meu sonho,
Espero que não o ache tristonho.
Tente então interpretar;
Para o vizinho, a família e a todos contar.
Mas tome cuidado com a má interpretação,
Pois isso pode causar muita complicação;
Em vez de fazer o bem,
Poderá causar desdém.
Tenha cautela para não ser extremo,
Ao interpretar meu sonho como algo blasfemo.
Nem permita que minha figura ou semelhança,
Faça você rir ou brigar como uma criança.
Extraia a essência, esprema o suco e seja fiel,
Abra a cortina, transcenda esse véu.
Aumente minhas metáforas e comece a bradar;
Lá muita coisa irá achar.
O que de minha escória você encontrar;
Seja ousado para fora jogar;
Mas preserve o ouro sem fazer mistério,
Não se acha o ouro envolto em minério.
Ninguém troca maçã por caroço se for realmente sério,
Mas se rejeitar tudo revelado nesse sonho resplandecente;
Nada me restará senão sonhar novamente.

O PEREGRINO

JOHN BUNYAN

O PEREGRINO

JOHN BUNYAN